________________님에게

만일 건강한 자아형상으로
아름다운 인생을 살고 싶다면
입에서 나오는 말의 습관부터 바꾸어야 합니다.
매우 빠르고 쉽게 하는 좋은 방법은
성경말씀을 나의 것으로 받아들이고
입으로 선포하는 것입니다.
당신의 인생은 입술에서 선포하는 말씀으로 말미암아
축복을 받고 아름다운 열매로 풍성할 것입니다.

________________드림

하나님 말씀으로「축복 선포 기도」

아름다운 입술의 열매

〈건강한 자아 형상 회복과 기적〉

짱 샤 워 비 루 원저
임철헌/조한미 편역

나침반

건강한 자아 형상으로 행복한 삶의 열매

하나님을 인격적으로 만나고 예수 그리스도의 형상을 닮아가는 방법은 「태초에 말씀이 계시니라 이 말씀이 하나님과 함께 계셨으니 이 말씀은 곧 하나님이시니라」(요한복음 1:1)라는 성경 말씀을 통해 가능하다고 생각합니다.

성경말씀을 통한 하나님과의 만남은 감동과 감격으로 느껴지며, 그 분의 뜻을 깨달고 건강한 형상을 닮아가는 방법은 여러가지 일들로 다가올 것입니다.

이 책은 하나님 말씀을 적용하여 선포 기도하는 아름다운 입술이 되도록 도울 것입니다. 이 책을 적용해서 축복의 통로로 쓰임 받고 있는 많은 그리스도인들의 간증도 여기에는 수록되어 있습니다.

개인적으로 신앙생활을 하면서 항상 하나님을 생각하며 그 분의 인도하심을 받고자 할 때마다 「사랑하는 자여 네 영혼이 잘됨 같이 네가 범사에 잘되고 강건하기를 내가 간구하노라」(요한삼서 1:2)라는 말씀을 마음 깊은 곳에 간직하며 혼자 스스로 선포 기도를 하며 저의 길을 인도하시는 주님만을 믿고 의지하며 신앙생활을 하였습니다.

건강한 형상 선포 기도로 믿음의 딸 드보라, 예빈이가 아름다운 입술의 열매를 맺어 축복의 통로로 쓰임받고 있습니다.

민수기 14장 28절에 기록된 「그들에게 이르기를 여호와의 말씀에 내 삶을 두고 맹세하노라 너희 말이 내 귀에 들린 대로 내가 너희에게 행하리니」라는 말씀 같이 성경말씀을 적용한 선포 기도는 하나님께서 행복한 삶의 열매를 맺도록 하십니다.

이 책을 통하여 한국교회 교회학교와 구역모임 그리고 가정예배에서 건강한 자아 형상의 열매가 30배, 60배, 100배의 결실로 가득하길 예수님의 이름으로 기도합니다.

편역자
조한미 선교사 • 임철헌 교수

긍정적인 말 한마디의 새로운 인생

온 동네 사람들이 고개를 절레절레 흔들던 꼬마가 있었습니다.

사람들은 꼬마를 볼 때마다 눈살을 찌푸리며 "저런 녀석이 커서 뭐가 되겠어? 사고나 안 치면 다행이지"라고 말했습니다. 그런데 하루는 한 할머니가 이 골칫덩어리의 머리를 쓰다듬으며 "너는 말을 잘하고 사람들의 시선을 끄는 재주가 있어. 이런 개성을 잘 살리면 크게 될 것이다"라고 말했습니다.

할머니의 이런 긍정적인 한마디가 꼬마의 인생을 새롭게 바꾸어 훗날 세계적인 복음 전도자 빌리 그레이엄 목사님이 되었습니다.

이처럼 긍정적이고 축복의 말은 너무나 중요합니다.

저자는 이 책에서 "당신이 건강한 자아와 아름다운 인생을 살고자 한다면 먼저 말의 습관부터 바꾸어야 한다"고 강조합니다. 따라서 성경이 말씀하고 있는 믿음의 말을 가지고 싶다면 꼭 이 책을 읽으시길 강력하게 추천합니다.

울산남부교회 담임목사
김대현 목사

차례

|편역자 서문| 건강한 자아 형상으로 행복한 삶의 열매 … 5

| 추천의 글 | 긍정적인 말 한마디의 새로운 인생 … 7

| 저자 서문 | 축복을 선포하며 기도할 때 … 10

이 책의 특징과 사용 방법 … 16

「건강한 형상」 선포 기도에 관하여 … 20

제1장 **간증과 고백** … 25

제2장 **7일간 선포 기도** … 39

제3장 **5주간 선포 기도** … 59

제4장 **31일간 선포 기도** … 107

제5장 **15가지 축복 선포** … 149

| 부록 | 선포 기도 적용 … 183

하나님 말씀 적용 선포기도학교 세미나 안내

● 대 상 : 교회학교 교사, 학부모, 청년리더
● 문 의 : 임철헌 교수 (이메일 lch4599@hanmail.net)

축복을 선포하며 기도할 때

야고보서 1장 16~18절 「내 사랑하는 형제들아 속지 말라 온 갖 좋은 은사와 온전한 선물이 다 위로부터 빛들의 아버지께로 부터 내려오나니 그는 변함도 없으시고 회전하는 그림자도 없으시니라 그가 그 피조물 중에 우리로 한 첫 열매가 되게 하시려고 자기의 뜻을 따라 진리의 말씀으로 우리를 낳으셨느니라」는 말씀을 보면 주님은 우리에게 하늘에 계신 아버지의 마음을 알게 하시고, 우리를 축복하길 원하시는 아주 좋은 계시의 말씀을 주셨음을 알수 있습니다.

하나님께서는 우리에게 아름답고 선한 은사와 여러 가지 상급을 주시려고 합니다. 그 분은 우리로 하여금 만물 중에서 첫 열매가 되기를 원하십니다. 이 말씀에서 우리는 다시 하나님을 알게 되며 우리 자신도 알게 됩니다.

하나님 아버지께서는 아름답고 선한 은사와 여러 가지 상급으로 우리의 생명을 온전하게 지켜 주시길 원하십니다. 그리고 우리를 통해 천국의 모습을 나타내는 예수 그리스도의 증인이 되게 해 주십니다. 우리가 이 진리의 말씀을 이해하며 성경말씀의 약속을 믿을 때 이것을 다 누립니다.

주님은 우리를 부르고 계십니다.

「그러므로 우리는 긍휼하심을 받고 때를 따라 돕는 은혜를 얻기 위하여 은혜의 보좌 앞에 담대히 나아갈 것이니라」(히브리서 4:16)

「그들과 같이 우리도 복음 전함을 받은 자이나 들은 바 그 말씀이 그들에게 유익하지 못한 것은 듣는 자가 믿음과 결부시키지 아니함이라」(히브리서 4:2)

위 말씀처럼 하나님은 말하는 것과 같이 우리를 불러주십니다. 그러므로 우리는 믿음으로 하나님의 말씀과 조화를 이루며 믿음으로 하나님의 말씀을 시인하고 하나님께서 무슨 말씀을 하던지 믿고 그것을 받아드려야 합니다.

저는 저와 자녀를 위하여 성경말씀으로 선포 기도를 시작 하였습니다.

제가 선포 기도 할 때 가장 많이 인용하는 성경말씀은 잠언 14장 26절 「여호와 하나님을 경외하는 자에게는 견고한 의뢰가 있나니 그 자녀들에게 피난처가 있으리라」와 시편 112장 1~2절 「할렐루야, 여호와를 경외하며 그의 계명을 크게 즐거워하는 자는 복이 있도다 그의 후손이 땅에서 강성함이여 정직한 자들의 후손에게 복이 있으리로다」 그리고 신명기 28장 13~14절 「여호와께서 너를 머리가 되고 꼬리가 되지 않게 하시며 위에만 있고 아래에 있지 않게 하시리니 오직 너는 내가 오늘 네게 명령하는 네 하나님 여호와의 명령을 듣고 지켜 행하며, 내가 오늘 너희에게 명령하는 그 말씀을 떠나 좌로나 우로나 치우치지 아니하고 다른 신을 따라 섬기지 아니하면 이와 같으리라」입니다.

저는 자주 위 말씀을 적용하여, 아래와 같이 선포 합니다.

"나의 자녀는 피난처가 있고 나의 자녀는 축복을 받을 것이고

그들은 이 세상에서 강하고 풍성해질 것이다.

그들은 이 새로운 시대에 리더가 되고 젊은이들의 모범이 되고

그들은 머리가 되고 꼬리가 되지 않고

높은 곳에 거하며 아래에 거하지 않는다.

그들은 어디서나 영향력을 주고 그들은 풍성하고 능력이 있고

그들은 은총은 받고 그들은 하나님을 경외하며 지혜와 총명이 있다."

몇 년이 지난 후에 저희 가정은 하나님께서 저의 선포 기도를 이루어주신 놀라운 기적을 경험했습니다. 지금도 하나님께서는 자녀들의 지경을 계속 넓혀 주시고 자녀를 높이 세워주십니다. 하나님의 말씀을 받아들이고 적용하여 선포 기도를 함으로 하나님의 인자하심과 신실하심과 큰 권능과 약속한 안식을 경험했습니다

제가 이 귀중한 경험을 형제자매들과 함께 나눔을 가질 때 하나님께서 많은 사람들의 마음을 감동시켜주셨고, 그들도 하나님의 말씀으로 선포 기도를 하기 시작 했습니다.

얼마 되지 않아서 놀라운 많은 기적들이 많은 사람들의 마음 속에 은혜와 감동으로 나타났습니다. 그 후 우리교회 주일학교

어린이와 청소년 그리고 청년사역에서 성경말씀을 적용한 말씀 암송, QT, 선포 기도를 추진하여 매우 놀라운 좋은 성과를 얻었습니다.

그리고 저는 많은 형제자매들에게 가정 제단을 세우고 부모와 자녀 온 가족이 함께 성경을 읽고 QT하며 선포 기도를 하라고 격려합니다. 우리는 전화로도 성경을 암송하며 축복을 선포하며 기도하는데 지금도 아름다운 간증들이 계속적으로 일어나고 있습니다.

많은 목사님께서 「선포 기도 가이드」를 교재로 발행하여 더 많은 사람들이 쉽게 사용할 수 있도록 하면 좋겠다고 격려해 주심에 감사 드리며 또한 형제자매들이 기도로 성원하여 주심에 감사를 드립니다.

더욱 더 감사할 분은 제가 마음으로 섬기는 주님, 전지전능하시고 풍성한 사랑의 주님 그 분이십니다!

주님께서 우리에게 더 큰 은혜를 주시려고 기다리십니다!

그 분은 하늘에 계신 우리의 아버지, 우리를 구속하신 주 예수 그리스도, 우리를 위로하시고 격려해 주시고 새롭게 만들어주시는 보혜사 성령이신 삼위일체 하나님이십니다. 이 모든 영광과 찬양은 다 하나님께 속합니다!

그 분에게만 감사를 돌려드립니다!

하나님께서는 신실하시며 성경말씀을 통해 주신 모든 약속들은 오늘까지도 다 유효하다는 것을 저는 믿습니다.

「그러므로 믿음으로 말미암은 자는 믿음이 있는 아브라함과 함께 복을 받느니라」(갈라디아서 3:9)

「너희가 그리스도의 것이면 곧 아브라함의 자손이요 약속대로 유업을 이을 자니라」(갈라디아서 3:29)

「아브라함이나 그 후손에게 세상의 상속자가 되리라고 하신 언약은 율법으로 말미암은 것이 아니요 오직 믿음의 의로 말미암은 것이니라」(로마서 4:13)

「그러므로 상속자가 되는 그것이 은혜에 속하기 위하여 믿음으로 되나니 이는 그 약속을 그 모든 후손에게 굳게 하려 하심이라 율법에 속한 자에게 뿐만 아니라 아브라함의 믿음에 속한 자에게도 그러하니 아브라함은 우리 모든 사람의 조상이라」(로마서 4:16)

저는 확실히 믿습니다.

예수그리스도 안에 있는 사람은 모두 다 하나님께서 아브라함에게 주신 약속을 유업으로 받을 수 있습니다.

우리는 얼마나 많은 유업을 받아야 할까요?

「여러 가지 아름다운 은사」또는「여러 가지 갖추 상급」이 무엇일까요?

하나님께서 약속해 주신 큰 복을 알기를 갈망하며 성경말씀을 더욱 더 열심히 읽어야 합니다.

저는 하나님의 은혜에 감사합니다.

얼마 동안 노력한 시간이 지난 후에 저는 성경 안에서 많은 보물들을 얻기 시작해 너무나 기쁩니다. 저는 과거보다 더욱 더 열심히 두려움 없이 용감하게 나 자신과 가족을 위하여 축복을 선포하고 하나님께서 아브라함에게 주신 약속 "만국이 너로 인하여 복을 받는다"를 체험하길 갈망합니다.

하나님께서 저의 자녀에게 복을 주시며 예수그리스도의 교회가 만국의 축복이 되고 많은 세상 사람들이 하나님의 자녀가 하나님이 주시는 큰복을 받는 것을 부러워할 것입니다.

평범한 저에게 놀라운 기적을 이루어주신 하나님의 은혜에 감사를 드립니다.

저는 성경 안에서 말하는 많은 "보물"을 받아들입니다. 이 책이 많은 사람들에게 순수한 마음으로 하나님의 보물창고에 들어 갈 수 있도록 만들어 강하고 담대하게 말하기를 "성경에서 말하는 모든 것을 다 믿음으로 받아들이고 입으로 선포하며 기도합니다. 제가 선포하는 모든 것은 제 것이 되고 다 제 삶과 몸에서 이루어 질 것입니다" 라고 외칠 수 있기를 기도합니다.

지은이
짱샤워비루

이 책의 특징과 사용 방법

1 제 1단원/7일간 「건강한 형상」선포 기도는 아주 쉽게 기억할 수 있고, 선포하는 말씀을 하루 종일 당신 마음에 충만할 수 있도록 하며 아주 쉽게 적용할 수 있습니다. 내용 중에 (   )안에는 자신의 이름을 넣거나 가족 또는 친척 이름을 넣어서 선포 기도를 할 수 있으며, 구역 또는 순, 셀 등 교회 공동체 그룹모임에서 상대방의 이름을 넣어서 함께 축복을 선포할 수 있습니다.

2 제 2단원/5주간 「건강한 형상」선포 기도에서는 매일 한 구절의 주제로 또는 한 장의 말씀을 낭독하며 선포 기도를 합니다. 매일 기도하는 마음으로 말씀을 읽고 온유한 마음으로 하나님의 말씀을 받아들이고 믿음으로 선포하여 받아드립니다. 그와 동시에 가족과 친척을 위하여도 선포 기도를 할 수 있습니다. 이것은 아주 간단한 방법으로 기도의 효과를 볼 수 있습니다.

3 제 3단원/31일간 「건강한 형상」선포 기도에서는 (   )안에 당신 자신의 이름을 넣고 자신과의 대화를 합니다. 또 다른 방법은 파트너를 찾아서 서로 간에 이름을 넣고 상대방에게 말씀을 들을 수 있도록 이야기 합니다. 이렇게 사용하면 당신에게 아주 크고 놀라운 변화가 일어나게 됩니다.

④ 제 4단원/15가지 「건강한 형상」 선포 기도에서는 성경 말씀을 적용하여 축복을 선포합니다.

⑤ **부록은 또 하나의 참고 자료입니다.** 제 1인칭 자기를 위한 선포 기도 또는 가족과 친지와 자식과 친구를 위한 축복을 선포합니다.

⑥ **이 책은 「신앙훈련 실무지침서」로 편집되어** 모든 내용을 성경말씀 주제와 연관을 시켜 기도하면서 낭독하는 방식으로 진행된 것입니다. 이로 인하여 말씀을 읽고 기도하는 습관을 기르고 영적성장의 새로운 기초를 이룰 수 있습니다. 즉, 성경말씀의 진리 안에서 자신이 바로 서고 영적으로 자신을 무장할 수 있습니다.

⑦ **이 책은 「QT용 교재」로** 기도하는 마음으로 성경을 읽고, 그 말씀으로 기도하십시오. 그리하면 생동력 있는 하나님의 말씀이 우리 심령 안에서 운행하여 생명의 능력을 줍니다. 그리고 영혼은 영양을 공급받고 영적인 생명이 자연적으로 싹이 나고 잎이 나면서 영적으로 건강하게 성장합니다.

8 이 책은 「기도훈련 교재」로 기도가 어렵고 말씀이 잘 이해가 안 된다면 이 책을 통해 이 문제를 해결할 수 있습니다. 누구든지 마음만 먹으면 이 책을 사용할 수 있습니다. 그리고 점점 더 흥미를 가지고 성취감도 가질 수 있습니다.

9 이 책은 「영적훈련 교재」로 사용할 수 있습니다. 아주 간단하게 따라서 읽기만 하면 됩니다. 매일 끈기를 가지고 꾸준하게 학습을 하면 기도를 잘 할 수 있습니다. 또 적용하기도 좋고 사용하기도 쉬워서 교회에서 다양한 방법으로 사용하면 개인의 영적 성장과 교회의 부흥에 큰 파급 효과가 나타날 수 있습니다.

10 혼자 먼저 진행하거나 파트너를 찾아서 일대일 방식으로 진행하십시오. 먼저 만나서 서로 기도하거나 전화해서 기도하는 방식으로 매일 또는 매주 몇 번씩 진행할 수 있습니다.

11 예수 믿는 가정에서 예배의 제단을 갖는 것을 격려해주고 이 책의 성경말씀 적용 「건강한 청상」 선포 기도를 사용하십시오. 자녀들과 함께 서로 기도하게 하는 교재로 사용할 수 있고, 부모와 자녀 간에 서로 축복하면서 부모가 인도하며 자녀를 훈련시키도록 할 수도 있습니다.

12 교회의 소그룹에서도 진행할 수 있습니다.

13 **처음 교회에 출석한 성도에게** 이 책을 사용하면 기도하는 것과 성경 읽는 것을 가르치는데 많은 시간을 절약할 수 있습니다. 또는 교회에 처음 출석한 사람에게 사용하면 영적성장의 아주 좋은 습관을 가질 수 있도록 해줄 수 있습니다. 온유한 마음을 갖고 성경말씀을 받아들이면 이 말씀이 우리의 영혼을 구해줄 수 있고 우리의 신앙이 하나님의 말씀 위에 설수 있음을 체험할 수 있습니다.

14 **모든 연령층에 훈련교재로 사용할 수 있으며** 어린 아이로부터 청소년 성인 노년에 이르기까지 다 적용할 수 있습니다.

「건강한 형상」 선포 기도에 관하여

우리의 자아형상은 주변 사람들을 통하여 또는 특별히 우리가 아는 권위 있는 사람에 의하여 영향을 받습니다. 그들이 우리에게 보여준 태도와 언어 그리고 말의 내용 등이 우리의 마음에 아주 깊은 영향을 미치며, 우리의 자아와 대화가 이루어지고 시간이 지날수록 내 자아의식에서 그 형상이 만들어 집니다.

우리에게 영향을 주는 자아형상의 「건강여부」는 아주 중요한 단어 바로 「우리」에서 시작됩니다. 우리 주변에 있는 권위 있는 사람들이 우리에게 말하기를 「너...」「너...」 그럴 때에 그들의 말과 그들의 태도가 바로 하나의 거울이 되고 그것이 바로 「나」라는 것을 가르쳐줍니다. 현재의 「나」는 바로 그 거울에서 만들어지는 「나」 형상입니다.

심리학자들의 연구에 의하면 우리의 자아형상은 사람들의 생활 틀 안에서 만들어 집니다. 우리는 그 사람의 영향에 따라서 말하게 되고 행동하게 되고 반응하게 됩니다.

자아형상은 개인의 다양한 측면에서 나타나며 인생의 운명을 좌우하게 됩니다. 우리 인간은 스스로 만들어간 자기중심에서 평생 벗어날 수 없습니다. 당신 자신에 대해 보는 것과 느끼는 것이 당신의 인생의 갈 방향에 영향을 줍니다. 즉 당신이 생각하는 대로 이루어진다는 말이 됩니다.

하나님은 성경을 통해 하나님께 감사드리는 것을 우리에게 가르쳐 주십니다.

「그런즉 누구든지 그리스도 안에 있으면 새로운 피조물이라 이전 것은 지나갔으니 보라 새 것이 되었도다」(고린도후서5:17) 「진리가 예수 안에 있는 것 같이 너희가 참으로 그에게서 듣고 또한 그 안에서 가르침을 받았을진대 너희는 유혹의 욕심을 따라 썩어져 가는 구습을 따르는 옛 사람을 벗어 버리고 오직 너희의 심령이 새롭게 되어 하나님을 따라 의와 진리의 거룩함으로 지으심을 받은 새 사람을 입으라」(에베소서 4:21-24)

우리가 예수님을 믿으면(내 개인의 구세주로 영접하는 그 순간) 우리는 곧 달라집니다. 우리의 생명이 새로워지기 때문입니다. 우리의 신분과 지위…등 모든 것이 다 변하고, 우리의 성품과 소망 그리고 우리와 하나님과 사람과의 관계도 달라집니다. 우리는 하나님으로부터 완전히 새롭게 만들어집니다. 우리가 예수그리스도를 믿음으로 내 마음에 받아드리면 우리는 그 은혜를 회복하게 됩니다. 하나님의 형상과 양식 그리고 진리와 인의, 성결 다 우리 몸에서 회복될 것입니다. 예수 그리스도 안에서 우리의 생명이 무한한 잠재력과 무한한 가능성을 갖게 됩니다.

우리의 인생은 「그리스도 안에서」 새롭게 시작됩니다.

우리의 운명이 변화되고 「예수 그리스도」가 우리의 새로운 거울이 됩니다.

성경 고린도후서 3장 18절에 기록된「우리가 다 수건을 벗은 얼굴로 거울을 보는 것 같이 주의 영광을 보매 그와 같은 형상으로 변화하여 영광에서 영광에 이르니 곧 주의 영으로 말미암음이니라」말씀처럼 우리 생명은 영광의 영광을 더하여 주님의 형상으로 변하게 됩니다. 즉 우리가 점점 예수님을 닮아가고 우리에게 점점 더 예수님의 풍성한 존귀와 영광이 있게 된다는 말씀입니다.

「건강한 형상」의 선포 기도는 또 다른 기도의 방식으로서 이것을「거울을 바꾼 선포」라고 말합니다.

예수그리스도가 우리의 새로운 거울이 됩니다. 이 새로운 거울은 우리를 비춥니다. 이 거울은 우리가 누구인지를 알게 해주고 말해줍니다.「사람이 마음으로 믿어 의에 이르고 입으로 시인하여 구원에 이르느니라」(로마서 10:10)는 말씀처럼 우리는 마음에 믿는 진리를 입으로 시인해야 됩니다. 그러면 우리 몸에서 그 말씀이 이루어집니다.

우리가 성경말씀을 인정해야 예수 그리스도의 구원 안에 있는 자신을 알게 됩니다. 그리고 입으로 선포하는 것은 성경이 말하는「진정한 나」를 시인하고 그리스도 안에 있는 나를「새로운 나」로 시인하는 것입니다. 그럴때 내가 갖고 있는 건강한 자아형상이 성장합니다. 이것은 오래 걸리지 않고 하나님의 놀라운 기적을 경험할 수 있습니다.

당신은 하나님의 온전한 새로운 창조물입니다.

하나님의 형상과 양식이 당신 몸에서 계속적으로 회복되어 당신은 새로운 모습으로 살 수 있게 됩니다.

언어학자의 연구에 의하면 "당신이 사용하는 형용사적 언어가 당신이 될 인생이다"라고 말합니다.

우리가 사용하는 모든 언어는 모두 기적의 영향력이 있습니다. 뇌에서 존재하는 신경계통에서 분명한 일이 일어납니다. 언어는 뇌에서 촉진제 생화학반응을 일으키며 우리가 하는 말이 우리의 생각에 영향을 미칩니다. 그리고 우리의 잠재의식에 영향을 미치고 우리의 행동을 주관하게 하며 우리의 운명이 결정됩니다. 신경학자의 연구에 의하면 "뇌 안에 있는 언어 중추신경이 다른 신경계통을 완전히 지배한다"고 이야기 합니다. 우리가 말을 하면 몸 전체가 그 명령에 따르면서 모든 신경이 다 그 명령에 반응을 일으킵니다.

「죽고 사는 것이 혀의 힘에 달렸나니 혀를 쓰기 좋아하는 자는 혀의 열매를 먹으리라」(잠언 18:21)

「우리가 말들의 입에 재갈 물리는 것은 우리에게 순종하게 하려고 그 온 몸을 제어하는 것이라 또 배를 보라 그렇게 크고 광풍에 밀려가는 것들을 지극히 작은 키로써 사공의 뜻대로 운행하나니」(야고보서 3:3-4)

하나님께서는 말씀의 권능을 인간의 입술에 주셨습니다. 우리의 입에서 나오는 말이 운명을 결정하게 됩니다. 우리는 우리 자신의 운명의 키를 가지고 있습니다. 현재 당신이 이야기하는 대로 당신의 미래 모습은 그러한 인생으로 살게 되는 것입니다.

그러므로 당신이 건강한 형상을 가지려고 하거나 아름다운 인생을 얻고자 한다면 먼저 말의 습관부터 바꾸어야 합니다.

제일 좋고 빠른 방법은 바로 성경 말씀대로 예수님을 그리스도가 당신의 구세주와 주님이심을 믿음으로 받아드리고 입으로 시인하는 것입니다.

이 책은 지식을 이야기하는 교재가 아니라 말씀적용 훈련 교재입니다. 당신이 지식을 배우는 차원을 넘어 바로 성경말씀을 적용하는 선포 기도에 참여하면 30배, 60배, 100배 아름다운 열매로 행복을 누릴 것이라 믿습니다.

우리는 100%의 믿음으로 아래 내용을 받아드려야 합니다

- 성경은 하나님의 말씀이다.
- 성경에서 말하는 「너」, 그것이 진정한 「나」이다.
- 성경에서 「너는 할 수 있다」는 말씀은 「나는 할 수 있다」이다.
- 성경에서 「네게 있다」는 말씀은 「나는 곧 그것을 갖고 있다」이다.
- 성경에서 말씀하는 모든 것을 나는 믿음으로 다 받아드린다.
  또 나는 입으로 선포한다.
  내가 선포하는 모든 것은 나의 것이 되고
  내 안에서 다 이루어진다.

제1장

간증과 고백

한 장모의 간증

저는 2007년 7월에 사모님의 강의를 들을 기회가 있었습니다. 건강한 자아 선포 기도를 배우고 집에 간 후에 저는 기도의 방법을 바꾸었습니다. 선포식으로 기도하기 시작했습니다. 머지않아 놀라운 큰 변화를 경험 했습니다. 다툼과 불화가 많은 가정에서 서로 화목한 가정으로 변했습니다. 지금 저희 가정은 사랑이 넘치고 너무나 행복하며, 참으로 크고 놀라운 하나님의 은혜를 경험하고 있습니다.

저는 3명의 결혼한 딸이 있었습니다. 그 중에 둘째 사위는 고아이고 교육을 많이 받지 못했습니다. 사람을 의지하려고 하고 일하는 것을 싫어하는 나쁜 습관이 있었습니다. 화가 날 때는 칼을 들고 저까지 위협했습니다.

저는 그 사위를 위해 선포 기도를 했습니다.

"사랑하는 하나님 아버지 주님은 저에게 좋은 사위를 주셨습니다. 그는 능력이 있는 사람입니다. 그는 아주 효자입니다. 그는 아주 부지런합니다"

제가 이렇게 선포 기도를 한 후 일주일 내에 모든 상황이 바뀌었습니다. 주님께서는 그의 길을 열어 주었습니다. 직장을 가지게 됐고 지금은 아주 효도를 잘 합니다. 자주 저에게 용돈을 줍니다. 그리고 어디를 가든지 장모인 저를 자랑합니다. 심지어 그의 사장이 저를 만나려고 초대까지 했습니다.

그리고 저의 큰 딸이 몇 년전 석사 졸업 논문을 쓸 때 아이가 아주 어려서 저는 이렇게 선포 기도를 했습니다.

"나의 작은 보배야, 엄마가 논문 쓸 시간이 있도록 젖을 먹고는 잠을 자도록 하라."

정말로 실현 되었습니다. 그 아이는 젖을 먹고 큰 딸이 졸업 논문을 쓰는 동안 잠을 자기만 했습니다. 울지도 않고 보채지도 않고요. 그리하여 딸은 논문을 잘 완성하여 박사과정에 입학하였습니다. 저는 정말로 선포 기도의 놀라운 경험을 하였습니다.

저는 점점 더 믿음이 생겼습니다. 하나님께서 우리에게 두려워하지 말고 하나님 은혜의 보좌 앞으로 담대히 오라고 초청하시는 말씀을 깨달았습니다.

아해의 간증

저의 목소리는 성경말씀을 암송하고 선포함으로 아주 많이 변했습니다. 미국에서 여동생으로부터 전화가 왔을 때 동생은 저에게 물었습니다.

"언니, 요즘 무슨 일이 생겼어? 내가 듣기에 언니가 말하는 음성이 너무 많이 달라진 것 같아."

동생의 말에 저는 깜짝 놀랐습니다.

"우리교회 사모님께서 나한테 전화로 성경말씀을 암송하게 하고 또 사모님께서 선포 기도로 이끌어주셨어."

선포 기도가 이렇게 저를 변하게 하고 심지어 저의 음성까지 달라지게 하다니… 이전과 너무나 달라졌습니다.

새롭게 변화된 모습

과거에 한번은 종합병원에서 접수하고 있는데 제 옆에 앉아 있던 사람이 저를 보면서 물었습니다.

"지금 당신 얼굴은 매우 고통스러운 것 같습니다."

저는 "맞는 말입니다"라고 대답했습니다.

어떤 분이 저를 교회로 인도해주시기 전까지 제 삶은 매일이 고통의 연속이었습니다. 교회에 등록한 후 사모님께서 인도하는 성경암송과 선포 기도에 적극적으로 참여하여 훈련을 받았습니다. 그 훈련을 통하여 지금 저는 많이 변했습니다. 과거에 알던 친구들과 지인들은 저를 보면서 신기해하고 놀랍니다. 저의 선포 기도에 놀라운 것을 경험하게 해주신 하나님의 은혜에 감사드립니다.

선포 기도한 내용이 지금은 다 이루어졌습니다.

저의 결혼 관계는 깨어졌고 저의 마음 안에는 쓴 뿌리가 가득 찼었습니다. 4명의 자녀를 양육하면서 장기간의 과로로 인하여 온 몸이 아팠습니다. 마음도 아주 쇠약하고 자주 울었습니다. 누구도 저에게 도움을 줄 수가 없었습니다. 저와 자녀의 관계에서도 위로를 받을 수가 없었습니다. 저는 그들의 기대에 못 미쳤습니다.

제가 아주 절망할 때 사모님은 제 옆에서 성경낭독과 QT를 해줬습니다. 제가 기도할 때 사모님은 항상 저의 아들을 위해 축복해 주셨습니다. 그리고 선포 기도로 인도하여 주었습니다.

저는 항상 다음과 같이 선포 기도를 했습니다.

"나의 자녀는 엄마를 공경하고 그들은 어머니를 자주 생각하며 엄마의 필요한 것을 채워준다."

사실 자녀들은 저에게 생활비를 안준지가 오래 되었고, 저에게 말하는 태도가 아주 안 좋았습니다.

선포 기도 내용이 사실과 너무나 달랐기 때문에 선포 기도하면서 항상 울었습니다. 그렇지만 사모님께서는 저에게 소망을 가지고 기다리며 열심히 하라고 격려해 주셨습니다.

하나님의 은혜에 감사합니다. 하나님께서는 선포 기도를 통하여 응답해 주셨고, 지금도 자녀의 변화된 모습에 때때로 놀랄 정도입니다. 지금 저는 열심히 선포하며 기도합니다. 선포 기도를 통하여 우리 가정이 변화 됐다는 것을 믿습니다.

금운의 간증

아들과 딸이 모두 일등

제 자녀들이 중고등학교때 받아오던 성적은 언제나 하위권으로 낙제수준이었습니다. 사모님께서 가르쳐주신 「천국의 열쇠」 말씀에 따라 열심히 선포 기도를 사용했습니다.

저는 자주 자녀들에게 "하나님께서는 너희에게 복을 주신다" 라고 말을 하며, 딸을 위해 계속 선포 기도를 했습니다.

"내 딸은 반에서 일등을 할 것이며, 그는 총명하고, 그는 좋은 사람을 만나고, 그는 아주 뛰어나다."

또 아들을 위해서는 이렇게 선포 기도를 했습니다.

"내 아들은 반에서 일등을 할 정도로 총명하고, 좋은 사람들을 만나며 성장한다."

지금 아들은 대학교 1학년이고 딸은 전문대학 2학년 인데 그들의 성적은 반에서 일등입니다. 그리고 딸은 학교 인터넷 투표에서 인기기 제일 높습니다. 그는 「많은 사람으로부터 사랑받는 학생」으로 추천 되었습니다.

하나님께서 저의 선포 기도를 들어 주셨으며 저를 더욱 기쁘게 하는 것은 아들과 딸이 교회에서 많은 섬김에 참여하고 있다는 것입니다. 이 모든 것에 주님께 감사와 영광을 드립니다.

사업에서 백배의 수확을 경험

저는 하나님의 약속 「네가 입을 크게 벌리면 채워주신다」를 믿음으로 받아들이며 우리가 하나님께서 약속한 자녀라는 것을 믿습니다. 하나님으로부터 복을 받기 위하여 저는 선포합니다.

"우리 가족이 하는 기업은 머리가 되고 꼬리가 되지 않으며, 위에 거하고 아래에 거하지 않는다. 회사 기술은 일류이고 우리 회사의 명성은 많이 알려 졌고 하나님의 이름을 영화롭게 합니다."

저는 다음과 같이 선포합니다.

"우리는 고객들과 아름다운 관계를 갖고 우리는 매일 새로운 고객이 있습니다."

하나님께서는 제가 선포하는 것보다 더욱 넘치게 이루어 주시고 새로운 고객들이 계속 들어오고, 단골 고객들도 계속 오며 중간에 떨어진 고객들도 있지만 다시 우리를 찾아옵니다.

모두들 경기가 어려운 불경기라고 하더라도 우리는 100배 수확의 축복을 받았습니다. 우리 사업은 불황이 없으며 선포 기도를 알고 사업을 경영하면 우리의 가정은 하나님이 주시는 많은 큰복을 받을 수가 있습니다.

보련의 간증

시장에서 좌우 노점상들이 우리를 이상하게 생각

제가 제일 처음 시장에서 장사를 시작할 때, 저는 수줍고 겁이 많았습니다. 처음부터 없는 가운데서 시작했기 때문인데 그래서 저는 매일 나 자신에게 이야기를 했습니다.

"수줍어하지 말라. 두려워하지 말라."

그러면 하나님께서 허락하신 다양한 경험들로 저는 변화되어집니다.

저는 항상 기뻐합니다.

우리 교회 목사님께서 우리에게 가르쳐준데로 선포 기도 즉 성경의 말씀으로 저 자신과 남편, 자녀 저의 가족과 사업을 위해 축복하며 선포합니다.

"매일 믿음으로 우리의 소망하는 것을 선포하면 머지 않아서 하나님의 놀라운 역사를 경험할 수 있다"고 목사님께서 격려를 해주십니다.

우리 교회에서 많은 형제자매과 간증을 나눌 때, 저는 너무나 감격하고 있습니다. 저 또한 하나님의 놀라운 큰 은혜를 경험하길 간절히 사모하며 선포 기도를 하고 있습니다.

시간이 지나면서 저는 너무나 큰 변화를 느끼고 있습니다. 소망을 갖고 용감하게 주변 사람에게 따뜻한 관심을 갖고 주님을 의지하며 기쁨을 누리고 있습니다.

저의 사업에서도 하나님의 큰복을 받았습니다.

고객이 없을 때 저는 교회에서 발행한 선포 기도 교재를 꺼내어 사업장에서 찬양으로 선포했습니다. 아주 놀랍게도 찬양이 끝나고 나면 상점이 많이 바빴습니다. 영업 매출이 점점 더 좋아져서 좌우 상점들이 이상하게 생각했습니다. 지금은 과거보다 매출이 6배가 많아졌습니다. 주변 상점들은 불경기였지만 저는 많이 바빠서 사업장에 일할 사람을 고용하게 되었습니다. 이삭과 같이 기근 때에도 100배의 수확이 있었는 것처럼 하나님의 놀라운 역사를 경험하게 해주신 주님의 은혜에 감사를 드립니다.

저는 원래 아무것도 할 줄 몰랐습니다.

단지 단순히 하나님의 말씀으로 선포 기도를 했습니다. 저는 하나님의 놀라운 큰복을 받았습니다. 지금은 더욱 더 믿음이 생겼고 더욱 더 용감하게 선포합니다.

"나는 머리가 되고 꼬리가 되지 않고, 나는 위에 거하고 아래에 있지 않는다."

저는 믿습니다. 더 큰 축복이 기다리고 있다는 것을!

저는 하나님께 입을 크게 벌리는 것을 배웠습니다. 저는 계속 선포 기도를 하여 하나님께서 저에게 주신 아름다운 은혜를 받아들일 것입니다.

소초의 간증

선포 기도로 어두움에서 나오다

2008년 인생에서 아주 큰 전환점이 있었습니다.

남편 병이 위독하여 저는 생계를 위해 일을 하면서 가정의 경제를 부담하고 많은 문제들을 가지고 있습니다. 죽음의 골짜기를 걷는 것 같이 제 마음에는 고통과 슬픔이 있었고, 매일이 절망적이었습니다. 말로 다 형용할 수가 없었습니다.

매주 일, 월, 화, 목 저녁에 사모님께서 전화를 하셔서 많은 축복의 성경말씀으로 저를 위해 선포 기도를 해주셨습니다. 저는 이 선포 기도를 통하여 마음에 큰 힘을 얻게 됐고 믿음이 한 단계 위로 올라가는 것 같은 느낌에 힘이 생겨 용감하게 앞으로 나서게 되었습니다. 저는 기쁨과 소망이 넘치게 됐고 상처 받는 심령은 위로를 받게 되었습니다.

주님께 감사를 드립니다.

지금 저는 성경말씀으로 선포 기도하는 것을 매우 좋아합니다, 그리고 주님을 송축합니다. 저는 더욱 하나님을 더 알고 진리를 더 이해하길 갈망합니다. 주님과 더 친밀하길 원하며 오직 그 분에게 속하길 소망합니다.

간증 #6   홍군의 간증

흩어진 가정 예배 세우기

저는 개업 의사입니다.

저의 아내와 자녀는 외국에서 생활하고 있습니다. 우리는 서로 떨어져 살지만 자주 가정 예배를 함께 하고 있습니다.

우리 가정은 인터넷으로 화상통화를 하면서 성경말씀을 적용한 이 책을 가지고 아주 간단하고 쉽게 함께 기도하고 선포하며 또 서로를 축복하는 것으로 예배를 드리고 있습니다.

한번은 제가 아내와 자녀를 만나러 외국에 나갔습니다.

그 곳에 있는 형제자매들에게 우리 가정 예배에 관하여 이야기를 할 때 모두들 부러워했습니다. 그들도 함께 가정 예배를 세우고 싶어 하였지만 어떻게 하는지 방법을 잘 몰랐습니다. 저는 이 책을 그들에게 주기로 약속했고 이 책을 통하여 많은 사람들이 축복을 받기를 기대하고 있습니다.

나나의 간증

예수님 믿는 가정으로 변화되었습니다

샬롬! 저는 울산남부교회 외국인사역부에 출석하면서 신앙생활을 하였습니다.

예수님을 진심으로 믿은 것은 오래되지 않았지만 저는 아름다운 입술의 열매 책을 통하여 하나님의 놀라운 사랑과 축복을 경험하면서 많은 감동을 느꼈습니다.

처음에 저는 책 내용대로 "우리 가족은 하나님의 자녀입니다", "우리 가족은 하나님께 용서 받은 자입니다", "우리 가족은 선택 받은 자입니다"를 7일간 첫째날 선포 기도를 시작 하였습니다.

선포 기도를 하는 동안 저는 점점 하나님을 더욱 알게 되었고, 기도하는 방법을 배웠습니다. 그 후 저는 저희 남편과 어머님 그리고 동생 가족의 이름을 불러가며 선포 기도를 했습니다.

일년후에 저희 남동생이 하나님을 믿게 되었고, 저희 남편도 조금씩 변하여 적극적으로 교회에 함께 출석 하였습니다. 저희 어머니께서는 불교 신자였었는데 예수님을 영접하고 믿음생활을 하게 되었습니다.

제가 예수님의 이름으로 믿음을 가지고 선포 기도를 하고 나서 하나님께서는 놀랍게도 그리 길지 않은 시간에 가족 구원의 놀라운 기적이 일어났습니다. 저는 진심으로 하나님께 감사와 영광을 드립니다.

제2장

7일간 선포 기도

성경은 하나님 말씀입니다.

성경에서 말한 「네」가 진정한 「나」입니다.

성경에서 「네」가 할 수 있다고 말씀하면, 「나」는 곧 할 수 있습니다.

성경에서 「너」에게 있다고 말하면, 「나」는 그것을 가질 수 있습니다.

나는 믿음으로 받아들이고 입으로 선포합니다.

하나님 말씀을 예수님 이름으로 받아들입니다.

♥나는 하나님의 자녀입니다.

♥나는 하나님의 사랑받는 자입니다.

♥나는 하나님의 구속을 받은 자입니다.

♥나는 하나님의 백성입니다.

♥나는 새롭게 창조된 자입니다.

♥나는 하나님께 용서 받은 자입니다.

♥나는 선택받은 자입니다.

♥나는 하나님의 기업입니다.

♥나는 하나님께서 받아들인 자입니다.

♥나는 빛의 자녀입니다.

♥나는 참 자유가 있는 자입니다.

♥나는 하나님의 보배로운 자입니다.

나는 이런 선포 기도를 나의 가족과 교회 공동체를 위해서 하고
내가 믿음으로 선포할 때 하나님께서 듣고 응답해 주십니다.

그러므로 예수님 이름으로 선포합니다.

(나)는 하나님의 자녀입니다.

(   )는 하나님의 사랑받는 자입니다.

(   )는 하나님의 구속 받은 자입니다.

(   )는 하나님의 백성입니다.

(   )는 새롭게 창조된 자입니다.

(   )는 하나님께 용서 받은 자입니다.

(   )는 선택받은 자입니다.

(   )는 하나님의 기업입니다.

(   )는 하나님께서 받아들인 자입니다.

(   )는 빛의 자녀입니다.

(   )는 참 자유가 있는 자입니다.

(   )는 하나님의 보배로운 자입니다.

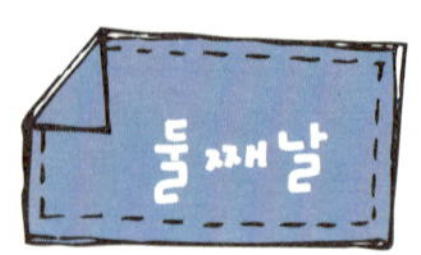

성경은 하나님 말씀입니다.

성경에서 말한 「네」가 진정한 「나」입니다.

성경에서 「네」가 할 수 있다고 말씀하면, 「나」는 곧 할 수 있습니다.

성경에서 「너」에게 있다고 말하면, 「나」는 그것을 가질 수 있습니다.

나는 믿음으로 받아들이고 입으로 선포합니다.

하나님 말씀을 예수님 이름으로 받아들입니다.

♥나는 하나님의 생명이 있습니다.

♥나는 하나님의 성품이 있습니다.

♥나는 하나님의 형상과 양식이 있습니다.

♥나는 하나님의 선량함이 있습니다.

♥나는 하나님의 성결함이 있습니다.

♥나는 하나님의 진리의 의가 있습니다.

♥나는 하나님의 성실함이 있습니다.

♥나는 하나님의 공의가 있습니다.

♥나는 하나님의 존귀와 영광이 있습니다.

♥나는 기쁨이 있습니다.

♥나는 평안이 있습니다.

♥나는 하나님의 풍성한 은혜가 있습니다.

♥나는 비전이 있습니다.

♥나는 의지가 있습니다.

♥나는 하나님의 아름다운 은사가 있습니다.

나는 이런 선포 기도를 나의 가족과 교회 공동체를 위해서 하고

내가 믿음으로 선포할 때 하나님께서 듣고 응답해 주십니다.

그러므로 예수님 이름으로 선포합니다.

(나)는 하나님의 생명이 있습니다.

(　　)는 하나님의 성품이 있습니다.

(　　)는 하나님의 선량함이 있습니다.

(　　)는 하나님의 성결함이 있습니다.

(　　)는 하나님 진리의 의가 있습니다.

(　　)는 하나님의 성실함이 있습니다.

(　　)는 하나님의 공의가 있습니다.

(　　)는 하나님의 존귀와 영광이 있습니다.

(　　)는 기쁨이 있습니다.

(　　)는 평안이 있습니다.

(　　)는 하나님의 풍성한 은혜가 있습니다.

(　　)는 비전이 있습니다.

(　　)는 의지가 있습니다.

(　　)는 하나님의 아름다운 은사가 있습니다.

성경은 하나님 말씀입니다.

성경에서 말한 「네」가 진정한 「나」입니다.

성경에서 「네」가 할 수 있다고 말씀하면, 「나」는 곧 할 수 있습니다.

성경에서 「너」에게 있다고 말하면, 「나」는 그것을 가질 수 있습니다.

나는 믿음으로 받아들이고 입으로 선포합니다.

하나님 말씀을 예수님 이름으로 받아들입니다.

♥나는 능력이 있습니다.

♥나는 믿음이 있습니다.

♥나는 하나님의 사랑하는 자녀입니다.

♥나는 지혜가 있습니다.

♥나는 총명이 있습니다.

♥나는 부름을 받아 성도가 되었습니다.

♥나는 소망이 있습니다.

♥나는 가치가 있습니다.

♥나는 천국의 대변인 입니다.

♥나는 은총이 있습니다.

♥나는 복이 있습니다.

♥나는 하나님의 아름다운 계획 속에 있습니다.

나는 이런 선포 기도를 나의 가족과 교회 공동체를 위해서 하고

내가 믿음으로 선포할 때 하나님께서 듣고 응답해 주십니다.

그러므로 예수님 이름으로 선포합니다.

(나)는 능력이 있습니다.

(　　)는 믿음이 있습니다.

(　　)는 하나님의 사랑하는 자녀입니다.

(　　)는 지혜가 있습니다.

(　　)는 총명이 있습니다.

(　　)는 부름을 받아 성도가 되었습니다.

(　　)는 소망이 있습니다.

(　　)는 가치가 있습니다.

(　　)는 천국의 대변인 입니다.

(　　)는 은총이 있습니다.

(　　)는 복이 있습니다.

(　　)는 하나님의 아름다운 계획 속에 있습니다.

성경은 하나님 말씀입니다.

성경에서 말한 「네」가 진정한 「나」입니다.

성경에서 「네」가 할 수 있다고 말씀하면, 「나」는 곧 할 수 있습니다.

성경에서 「너」에게 있다고 말하면, 「나」는 그것을 가질 수 있습니다.

나는 믿음으로 받아들이고 입으로 선포합니다.

하나님 말씀을 예수님 이름으로 받아들입니다.

♥나는 하나님에 속한 자입니다.

♥나는 세상을 초월한 자입니다.

♥나는 영향력 있는 자입니다.

♥나는 하나님의 성전입니다.

♥나는 하늘의 백성입니다.

♥나는 하나님의 간증인입니다.

♥나는 세상의 빛입니다.

♥나는 하나님 가족 안에 있는 자입니다.

♥나는 하나님 마음에 있는 자입니다.

♥나는 세상의 소금입니다.

♥나는 약속을 승계 받는 자입니다.

♥나는 풍성한 생명이 있는 자입니다.

나는 이런 선포 기도를 나의 가족과 교회 공동체를 위해서 하고

내가 믿음으로 선포할 때 하나님께서 듣고 응답해 주십니다.

그러므로 예수님 이름으로 선포합니다.

(나)는 하나님께 속한 자입니다.

(   )는 세상을 초월한 자입니다.

(   )는 영향력 있는 자입니다.

(   )는 하나님의 성전입니다.

(   )는 하늘의 백성입니다.

(   )는 하나님의 간증인 입니다.

(   )는 세상의 빛입니다.

(   )는 하나님 가족 안에 있는 자입니다.

(   )는 하나님 마음에 있는 자입니다.

(   )는 세상의 소금입니다.

(   )는 약속을 승계 받는 자입니다.

(   )는 풍성한 생명이 있는 자입니다.

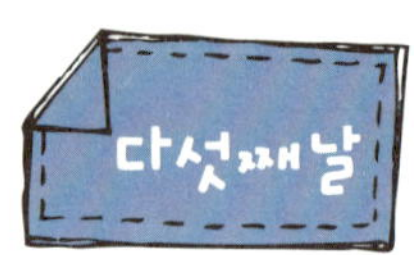

성경은 하나님 말씀입니다.

성경에서 말한 「네」가 진정한 「나」입니다.

성경에서 「네」가 할 수 있다고 말씀하면, 「나」는 곧 할 수 있습니다.

성경에서 「너」에게 있다고 말하면, 「나」는 그것을 가질 수 있습니다.

나는 믿음으로 받아들이고 입으로 선포합니다.

하나님 말씀을 예수님 이름으로 받아들입니다.

♥하나님 보시기에 나는 위대하고 존귀하다.

♥하나님께서 나를 당신의 손위에 새겨 두셨다.

♥하나님께서 나를 당신 마음에 두셨다.

♥하나님께서는 나에게 무한한 능력을 주셨다.

♥하나님께서 나로 하여금 모든 일에 다 풍요롭게 충족시켜
  주셨다.

♥나는 완전한 상급을 다 받아 들였다.

♥하나님께서 나를 끝까지 사랑해 주시다

♥나는 존귀한 제사장이다.

♥나는 진정한 영적 지혜가 있다.

♥나는 태어날 때부터 승리자이다.

나는 이런 선포 기도를 나의 가족과 교회 공동체를 위해서 하고

내가 믿음으로 선포할 때 하나님께서 듣고 응답해 주십니다.

그러므로 예수님 이름으로 선포합니다.

하나님 보시기에 (   )는 위대하고 존귀합니다.

하나님께서 (   )를 주님의 손위에 새겨 두셨습니다.

하나님께서 (   )를 주님 마음에 두셨습니다.

하나님께서 (   )에게 무한한 능력을 주셨습니다.

하나님께서 (   )로 하여금 모든 일에 다 풍요롭게 충족시켜 주셨

습니다.

(   )는 완전한 상급을 다 받아 들였습니다.

(   )는 하나님께서 끝까지 사랑해 주십니다.

(   )는 존귀한 제사장입니다.

(   )는 진정한 영적 지혜가 있습니다.

(   )는 태어날 때부터 승리자입니다.

성경은 하나님 말씀입니다.

성경에서 말한 「네」가 진정한 「나」입니다.

성경에서 「네」가 할 수 있다고 말씀하면, 「나」는 곧 할 수 있습니다.

성경에서 「너」에게 있다고 말하면, 「나」는 그것을 가질 수 있습니다.

나는 믿음으로 받아들이고 입으로 선포합니다.

하나님 말씀을 예수님 이름으로 받아들입니다.

♥ "원컨대 주께서 내게 복에 복을 더 하사 나의 지경을 넓히시고 주의 손으로 나를 도우사 나로 환난을 벗어나 근심이 없게 하옵소서 하였더니 하나님이 그 구하는 것을 허락하셨더라." (역대상 4:10)

♥ "내게 능력 주시는 자 안에서 내가 모든 것을 할 수 있느니라." (빌립보서 4:13)

♥ "네 영혼이 잘됨 같이 네가 범사에 잘되고 강건하기를 내가 간구하노라." (요한삼서 1:2)

♥ "주 예수 그리스도의 은혜와 하나님의 사랑과 성령의 교통하심이 너희 무리와 함께 있을지어다." (고린도후서 13:13)

♥ "여호와가 너를 항상 인도하여 메마른 곳에서도 네 영혼을 만족하게 하며 네 뼈를 견고하게 하리니 너는 물 댄 동산 같겠고 물이 끊어지지 아니하는 샘 같을 것이라." (이사야

58:11)

♥ "내 평생에 선하심과 인자하심이 반드시 나를 따르리니 내가 여호와의 집에 영원히 살리로다." (시편 23:6)

♥ "네 하나님 여호와께서 돌보아 주시는 땅이라 연초부터 연말까지 네 하나님 여호와의 눈이 항상 그 위에 있느니라." (신명기 11:12)

♥ "네 문빗장은 철과 놋이 될 것이니 네가 사는 날을 따라서 능력이 있으리로다." (신명기 33:25)

♥ "여호와께서 너를 머리가 되고 꼬리가 되지 않게 하시며 위에만 있고 아래에 있지 않게 하시리니 오직 너는 내가 오늘 네게 명령하는 네 하나님 여호와의 명령을 듣고 지켜 행하며 내가 오늘 너희에게 명령하는 그 말씀을 떠나 좌로나 우로나 치우치지 아니하고 다른 신을 따라 섬기지 아니하면 이와 같으리라." (신명기 28:13~14)

♥ "좋은 것으로 네 소원을 만족하게 하사 네 청춘을 독수리같이 새롭게 하시는도다." (시편 103:5)

나는 이런 선포 기도를 나의 가족과 교회 공동체를 위해서 하고
내가 믿음으로 선포할 때 하나님께서 듣고 응답해 주십니다.

그러므로 예수님 이름으로 선포합니다.

♥원하옵기는 (　　)에게 복을 주십시오.

(　　)지경을 넓혀주시고 항상 (　　)와 함께 하시고 환난을 벗어나

근심이 없게 도와 주십시오.

♥( )는 능력 주시는 자를 의지하여 ( )는 모든 것을 할 수 있습니다.

♥( )는 영혼이 잘되고. 몸이 건강하고 ( )는 범사에 잘됩니다.

♥주 예수그리스도의 은혜와 하나님의 사랑과 성령의 교통하심이 ( )에게 함께 있을지어다.

♥여호와께서는 ( )를 항상 인도해 주시고 메마른 곳에서도 영혼을 만족시키고 뼈를 견고하게 하고 ( )는 물 댄 동산과 같이 물이 끊임없이 샘 같이 흐릅니다.

♥( )는 평생에 선하심과 인자하심이 반드시 따르고 ( )는 여호와의 집에 영원히 살리로다.

♥연초부터 연말까지 하나님 여호와의 눈이 항상 ( )를 돌보아 주십니다.

♥( )가 살아가는 동안 능력이 ( )에게 함께 있으리로다.

♥( )가 여호와 하나님의 말씀을 듣고 따르면… 여호와께서 ( )를 머리가 되고 꼬리가 되지 않게 하시며 위에만 있고 아래에 있지 않게 하시리니

♥하나님께서 좋은 것으로 ( )의 소원을 만족하시고 ( )를 독수리 같이 새롭게 하신다.

성경은 하나님 말씀입니다.

성경에서 말한 「네」가 진정한 「나」입니다.

성경에서 「네」가 할 수 있다고 말씀하면, 「나」는 곧 할 수 있습니다.

성경에서 「너」에게 있다고 말하면, 「나」는 그것을 가질 수 있습니다.

나는 믿음으로 받아들이고 입으로 선포합니다.

하나님 말씀을 예수님 이름으로 받아들입니다.

♥ "산들이 떠나며 언덕들은 옮겨질지라도 나의 자비는 네게서 떠나지 아니하며 나의 화평의 언약은 흔들리지 아니하리라." (이사야 54:10)

♥ "여호와는 나의 목자시니 내게 부족함이 없으리로다." (시편 23:1)

♥ "옛적에 여호와께서 나에게 나타나사 내가 영원한 사랑으로 너를 사랑하기에 인자함으로 너를 이끌었다 하였노라." (예레미야 31:33)

♥ "주께서 생명의 길을 내게 보이시리니 주의 앞에는 충만한 기쁨이 있고 주의 오른쪽에는 영원한 즐거움이 있나이다." (시편 16:11)

♥ "온갖 좋은 은사와 온전한 선물이 다 위로부터 빛들의 아버지께로부터 내려오나니 그는 변함도 없으시고 회전하는 그

림자도 없으시니라 그가 그 피조물 중에 우리로 한 첫 열매
가 되게 하시려고 자기의 뜻을 따라 진리의 말씀으로 우리
를 낳으셨느니라.”(야고보서 1:17~18)

♥ “하나님은 우리의 피난처시요 힘이시니 환난 중에 만날 큰
도움이시라.”(시편 46:1)

♥ “내 영혼아 네가 어찌하여 낙심하며 어찌하여 내 속에서 불
안해 하는가 너는 하나님께 소망을 두라. 여호와를 신뢰하
는 자에게는 인자하심이 두르리로다.”(시편 42:5, 32:10)

♥ “여호와께서 너의 출입을 지금부터 영원까지 지키시리로
다.”(시편 121:8)

♥ “야곱의 집이여 이스라엘 집에 남은 모든 자여 내게 들을지
어다 배에서 태어남으로부터 내게 안겼고 태에서 남으로부
터 내게 업힌 너희여 너희가 노년에 이르기까지 내가 그리
하겠고 백발이 되기까지 내가 너희를 품을 것이라 내가 지
었은즉 내가 업을 것이요 내가 품고 구하여 내리라.”(이사야
46:3~4)

♥ “내가 네게 명령한 것이 아니냐 강하고 담대하라 두려워하
지 말며 놀라지 말라 네가 어디로 가든지 네 하나님 여호와
가 너와 함께 하느니라 하시니라.”(여호수아 1:9)

나는 이런 선포 기도를 나의 가족과 교회 공동체를 위해서 하고
내가 믿음으로 선포할 때 하나님께서 듣고 응답해 주십니다.

예수님 이름으로 선포합니다.

♥ 산들이 떠나며 언덕들은 옮겨질지라도 나의 자비는 ( )에게서 떠나지 아니하리라.

♥ 여호와는 ( )의 목자시니 ( )에게 부족함이 없으리로다.

♥ 하나님께서 영원한 사랑으로 ( )를 사랑하고 그리고 인자함을 ( )를 이끄십니다.

♥ 주께서 생명의 길을 (   )에게 지시하고 주님의 앞에서 충만한 기쁨이 있고 주의 오른쪽에 (   )는 영원한 즐거움이 있습니다.

♥ 하나님 아버지께서는 온갖 좋은 은사와 온전한 선물을 다 에게 주시고 ( )에게 만물의 첫 열매가 되게 하십니다.

♥ 하나님은 ( )의 피난처시요 ( )의 힘이시니 ( )가 환난 중에 만날 큰 도움이시다.

♥ 나의 하나님께서 기쁜 얼굴로 (   )를 도와주시고 아름다운 복으로 (   )를 맞이하고 나의 하나님께서 사면에 인자하심이 두르리로다.

♥ 여호와께서 (   )의 출입을 지금부터 영원까지 지키십니다.

♥ (   )가 태어날때부터 (   )노년 백발이 되기까지 여호와 하나님께서 ( )를 품을 것이다.

♥ "내가 네게 명령한 것이 아니냐 강하고 담대하라 두려워하지 말며 놀라지 말라 네가 어디로 가든지 네 하나님 여호와가 너와 함께 하느니라 하시니라" 말씀하신 주님! 맞습니다. 하나님 여호와는 (   )와 함께 하십니다.

성경 선언

예수님께서 말씀하신대로 하나님의 말씀은 영이며 생명입니다.

"내가 너희에게 이른 말은 영이요 생명이라"(요한복음 6:63)

무한한 생명의 큰 힘을 가지고 있으며 아주 큰 효과를 만들 수 있습니다. 하나님의 말씀은 하나님께서 우리에게 생명의 씨앗으로 심으려고 하신 것으로 그 말씀은 우리의 영혼을 구해줍니다.

하나님의 말씀은 살아있고 운동력이 있고 생명력을 가지고 있습니다, 우리가 분명한 태도를 가지고 하나님께서 말씀하신 것과 약속하신 것을 믿음으로 인정하며 받아들이면 하나님의 말씀 안에서 풍성한 것이 가득하게 이루어 집니다.

그러므로 우리는 성경을 읽기 시작할 때 하나님의 말씀으로 시인하고 하나님의 말씀을 조화롭고 온유한 마음으로 그 말씀을 다 받아들이며 믿음으로 선포해야 합니다.

우리는 이렇게 선포해야 합니다

나는 선포합니다.

성경은 하나님의 말씀입니다.

성경에 하나님께서 말씀하시는 「너」가 바로 「나」입니다.

하나님께서 「네」가 할 수 있다는 것은 「나」는 할 수 있습니다.

하나님께서 말하시는 「네」가 있다는 것을 「나」는

그것을 꼭 차지할 수 있습니다.

지금 내가 하나님의 말씀을 받아들입니다.

하나님의 말씀은 나의 생각을 새롭게 해주시려고 합니다.

하나님의 말씀은 내 마음에 들어오고 싶어 합니다.

나의 생명은 곧 더욱 풍성해 집니다.

제3장

5주간 선포 기도

Sun   Mon   Tue   Wed   Thu   Fri   Sat

창세기 1:26~28

하나님이 이르시되 우리의 형상을 따라 우리의 모양대로 우리가 사람을 만들고 그들로 바다의 물고기와 하늘의 새와 가축과 온 땅과 땅에 기는 모든 것을 다스리게 하자 하시고 하나님이 자기 형상 곧 하나님의 형상대로 사람을 창조하시되 남자와 여자를 창조하시고 하나님이 그들에게 복을 주시며 하나님이 그들에게 이르시되 생육하고 번성하여 땅에 충만하라, 땅을 정복하라, 바다의 물고기와 하늘의 새와 땅에 움직이는 모든 생물을 다스리라 하시니라

사랑하는 하나님 아버지!

하나님의 영원한 계획 가운데 저를 창조하신 것이 얼마나 영광스러운지요. 하나님의 형상과 성품으로 나를 창조해 주셨고, 하나님의 형상과 성품을 나타나게 하셨습니다.

저로 인해 하나님의 영광을 나타내게 하시고, 하나님의 대리자로서 세상 권세를 정복하고 하나님께서 창조하신 만물을 다스리게 하셨습니다. 그렇기에 나의 존재는 하나님의 뜻으로 인해 존귀하고 영광스럽습니다.

나는 선포합니다!

나에게는 무한한 가능성이 충만하게 넘칩니다. 하나님이 자신의 형상을 닮게 창조하시고 좋은 성품을 나에게 허락하셨습니다. 하늘에 계신 하나님께서 나를 위한 특별한 계획을 가지고 계시기에 나는 축복

받은 사람입니다. 그렇기에 나의 일생은 아주 특별한 의미가 있습니다.
하나님의 뜻이 나를 통해 이루어지길 원합니다.

예수님의 이름으로 기도합니다. 아멘

창세기 2:7~10

1-2 여호와 하나님이 땅의 흙으로 사람을 지으시고 생기를 그 코에 불어넣으시니 사람이 생령이 되니라 여호와 하나님이 동방의 에덴에 동산을 창설하시고 그 지으신 사람을 거기 두시니라 여호와 하나님이 그 땅에서 보기에 아름답고 먹기에 좋은 나무가 나게 하시니 동산 가운데에는 생명나무와 선악을 알게 하는 나무도 있더라 강이 에덴에서 흘러나와 동산을 적시고 거기서부터 갈라져 네 근원이 되었으니

사랑하는 하나님 아버지!

우리는 너무나 부족하지만 하나님의 창조물이기에 존귀할 수 있습니다. 하나님이 우리를 흙으로 지으시고 생기를 넣어주심으로 우리는 영적인 존재가 되었습니다. 또한 주님을 가까이 할 수 있는 은혜를 받았습니다. 주님, 에덴동산에서처럼 필요한 모든 것을 오늘날 우리에게 공급해 주시고, 그로 인해 주님의 은혜로 삶이 아름답고 풍성하게 넘치도록 도우소서.

나는 선포합니다!

하나님은 나를 보배롭게 여기십니다. 또한 하나님은 모든 필요한 것을 예비해 주셨습니다. 나를 향한 하나님의 계획이 완벽하고 아름다운 것을 나는 믿습니다. 하나님을 갈망하며 더 가까이 가기를 내 영이 소망합니다. 주님이 주시는 생명나무의 과일과 생명의 물로만 내 영이 살아날 수 있습니다. 하나님이 주시는 천국의 보물로 하나님이 예비한 풍성한 은혜를 누리기 원합니다.

예수님의 이름으로 기도합니다. 아멘

1-3 시편 8:3~8

주의 손가락으로 만드신 주의 하늘과 주께서 베풀어 두신 달과 별들을 내가 보오니 사람이 무엇이기에 주께서 그를 생각하시며 인자가 무엇이기에 주께서 그를 돌보시나이까 그를 하나님보다 조금 못하게 하시고 영화와 존귀로 관을 씌우셨나이다 주의 손으로 만드신 것을 다스리게 하시고 만물을 그의 발아래 두셨으니 곧 모든 소와 양과 들짐승이며 공중의 새와 바다의 물고기와 바닷길에 다니는 것이니이다.

사랑하는 하나님 아버지!

위대하신 주님은 하늘과 땅 그리고 별을 만드시고 인간을 창조하시고 우주만물을 다스리십니다. 우리는 미약한 존재지만 주님이 소중하고 존귀하게 생각하여 주심으로 만물 중에 세워주시고 세상을 다스

릴 권세를 주셨습니다. 하나님의 마음속에 있는 계획과 소망들이 나를 보배롭고 존귀하게 만들며 주님의 영화로움을 누리게 합니다.

나는 선포합니다!

나는 하나님께서 보시기에 소중한 존재입니다. 주님은 나를 염려하고 돌봐주시고 나를 향한 특별한 뜻을 품고 계시며 하나님의 뜻이 이루어지도록 나를 들어 사용하실 줄 나는 믿습니다.

예수님의 이름으로 기도합니다. 아멘

1-4

시편 23:1~6

여호와는 나의 목자시니 내게 부족함이 없으리로다 그가 나를 푸른 풀밭에 누이시며 쉴 만한 물 가로 인도하시는도다 내 영혼을 소생시키시고 자기 이름을 위하여 의의 길로 인도하시는도다 내가 사망의 음침한 골짜기로 다닐지라도 해를 두려워하지 않을 것은 주께서 나와 함께 하심이라 주의 지팡이와 막대기가 나를 안위하시나이다 주께서 내 원수의 목전에서 내게 상을 차려 주시고 기름을 내 머리에 부으셨으니 내 잔이 넘치나이다 내 평생에 선하심과 인자하심이 반드시 나를 따르리니 내가 여호와의 집에 영원히 살리로다

사랑하는 하나님 아버지! 

영원하신 여호와 하나님께서 저의 목자가 되어주셨습니다. 어떤 상황 가운데서도 늘 인도하시고, 돌봐주시고, 안식을 누리게 하시고, 내

영을 소생시키시고, 정직한 길로 인도하시고, 나와 함께 해주시고, 위로해 주시고, 승리하게 하심으로 내 잔이 넘치도록 해주십니다.

나는 선포합니다!

평생 동안 하나님의 은혜와 사랑을 놓치지 않고 붙잡겠습니다. 하나님 성전 안에 영원히 거주하겠습니다.

여호와는 나의 목자이시기에 나에게는 부족함이 없습니다. 나는 하나님의 풍성한 은혜 가운데 모든 공급을 누립니다. 여호와는 나의 주님이시고 나의 하나님이십니다. 나의 영원한 의지할 자가 되어주신 주님을 인해 나는 승리를 선포합니다. 나는 주님으로 인해 풍성함을 누리며, 승리할 수 있으며, 평안을 얻을 수 있습니다.

예수님의 이름으로 기도합니다. 아멘

시편 103:3~5

그가 네 모든 죄악을 사하시며 네 모든 병을 고치시며 네 생명을 파멸에서 속량하시고 인자와 긍휼로 관을 씌우시며 좋은 것으로 네 소원을 만족하게 하사 네 청춘을 독수리 같이 새롭게 하시는도다

사랑하는 하나님 아버지!

주님은 저를 소중히 여기시고 저의 모든 삶의 부분을 염려해 주십니다. 또한 저의 모든 죄악을 사해주시고 질병을 치료해주시고 사망에

서 건져 생명을 구해 주십니다. 인자와 자비로 면류관을 씌우시고 소원하는 모든 것들을 주님의 뜻에 따라 아름답게 채워주시고 독수리 같이 영육을 늘 새롭게 하십니다.

나는 선포합니다!

나의 영육은 회복되어 강건하여집니다. 생활에 필요한 모든 것을 하나님 아버지께서 기쁘게 공급해 주십니다. 하나님께서 나의 모든 필요를 채워주심으로 만족하게 하십니다. 하나님께서 넘치는 은혜로 나의 생명을 충만하게 채우십니다.

내 안에는 주님이 주신 은혜와 자비가 있습니다. 면류관으로 하나님의 은총을 받습니다. 나의 모든 죄는 사라졌고 구원을 받았습니다. 이제 나는 건강합니다. 나는 마음은 기쁘고 영혼은 만족합니다. 하나님께서 좋은 것으로 소원을 채워주셨기 때문입니다.

예수님의 이름으로 기도합니다. 아멘

시편 139:1~6

1-6 여호와여 주께서 나를 살펴 보셨으므로 나를 아시나이다 주께서 내가 앉고 일어섬을 아시고 멀리서도 나의 생각을 밝히 아시오며 나의 모든 길과 내가 눕는 것을 살펴 보셨으므로 나의 모든 행위를 익히 아시오니 여호와여 내 혀의 말을 알지 못하시는 것이 하나도 없으시니이다 주께서 나의 앞뒤를 둘러싸시고 내게 안수하셨나이다 이 지식이 내게 너무 기이하니 높아서 내가 능히 미치지 못하나이다

사랑하는 하나님 아버지!

주님의 말씀은 저에게 언제나 큰 위로와 격려를 줍니다. 주님의 말씀을 읽음으로 나의 마음은 안정되고 충만해집니다. 주님처럼 저를 사랑하는 사람은 없고 주님처럼 저를 보배롭게 생각하시고 존귀하게 생각하는 분은 없기 때문입니다. 저의 모든 행동과 생각을 다 아시고 심령을 세밀하게 관찰하시는 주님이십니다. 저에 대해서 주님은 모르는 것이 하나도 없으십니다. 주님의 사랑과 관심으로 내 삶은 충만합니다. 사랑하는 주님의 손길이 나에게 임하심으로 나는 이제 고백합니다. 도저히 깨달을 수 없을 정도로 주님의 사랑은 참으로 놀랍습니다.

나는 선포합니다!

나는 하나님의 말씀을 인정합니다. 나는 하나님을 향해 시선을 고정하기 원합니다. 나는 하나님의 사랑 안에 머물러야 참된 삶을 살 수 있습니다. 나를 누구보다 잘 아시고 관심과 사랑으로 지켜보시며, 격려, 힘, 용기가 되시는 주님, 주님만을 의지하며 살아가길 원합니다.

예수님의 이름으로 기도합니다. 아멘

1-7 시편 139:13~17

주께서 내 내장을 지으시며 나의 모태에서 나를 만드셨나이다 내가 주께 감사하옴은 나를 지으심이 심히 기묘하심이라 주께서 하시는 일이 기이함을 내 영혼이 잘 아나이다 내가 은밀한 데서 지음을 받고 땅의 깊은 곳에서 기이하게 지음을 받은 때에 나의 형체가 주의 앞에 숨겨지지 못하였나이다 내 형질이 이루어지기 전에 주의 눈이 보셨으며 나를 위하여 정한 날이 하루도 되기 전에 주의 책에 다 기록이 되었나이다 하나님이여 주의 생각이 내게 어찌 그리 보배로우신지요 그 수가 어찌 그리 많은지요

사랑하는 하나님 아버지!

주님은 태중에서부터 저를 지켜주시고 생명을 주심으로 아름답게 창조하셨습니다. 그리고 지금껏 저를 지켜주시고 지켜보셨습니다. 저의 삶과 일생은 하나님의 아름다운 계획과 예정 가운데 있습니다.

나는 선포합니다!

나의 탄생과 관련된 모든 환경들... 부모, 친척, 나의 성장 과정, 여러 이력들은 모든 것이 하나님 설계에 있으며 하나님께서 허락하신 것입니다. 나는 하나님의 계획으로 인해 이 세상에 태어났으며 사람의 실수로 잘못 태어난 것이 아닙니다. 하나님의 흔적이 내 삶에 있기에 나는 특별하며 존귀합니다. 성경이 모든 것을 다 증거하고 있습니다.

하나님이 나를 소중하고 귀하게 창조하셨다는 것은 믿을 수 없을 정도로 너무나 경이로운 사실입니다. 그러므로 나는 내 자신을 소중히 여겨야 하며 내 삶 가운데 주어진 하나님의 뜻을 찾아야 합니다. 나를 인도하시는 하나님의 계획 가운데 나는 살아가겠습니다.

예수님의 이름으로 기도합니다. 아멘

이사야 43:7, 21

내 이름으로 불려지는 모든 자 곧 내가 내 영광을 위하여 창조한 자를 오게 하라 그를 내가 지었고 그를 내가 만들었느니라. 이 백성은 내가 나를 위하여 지었나니 나를 찬송하게 하려 함이니라

베드로전서 2:9

그러나 너희는 택하신 족속이요 왕 같은 제사장들이요 거룩한 나라요 그의 소유가 된 백성이니 이는 너희를 어두운 데서 불러내어 그의 기이한 빛에 들어가게 하신 이의 아름다운 덕을 선포하게 하려 하심이라

사랑하는 하나님 아버지!

하나님의 이름을 부를 수 있다는 것이, 하나님이 나를 만드시고 선택하셨다는 사실이, 하나님의 귀한 창조물이라는 사실이 얼마나 영광스러운지 모릅니다.

저는 우연하게 존재하는 것이 아니고 하나님의 영광을 위하여 태어났고 하나님의 뜻을 위하여 만들어졌습니다. 주님은 저를 어두운 곳에서 불러내시고 기이한 빛으로 들어가게 하셨습니다.

나는 선포합니다!

나는 존귀한 제사장이고 거룩한 성도이며 하나님께 속한 백성입니다. 나는 하나님의 선택을 받았으며, 나의 삶은 하나님의 사랑을 전합니다. 내 삶은 하나님의 영광을 말하고 내 생명은 예수님의 보혈만큼

가치가 있습니다. 그렇기에 나의 삶은 특별한 의미가 있습니다.

사랑하는 하나님 저의 삶을 주장하여 주세요. 제가 주님의 형상을 나타내며 살 수 있도록 저의 삶에 속한 하나님의 계획을 이루어 주세요.

예수님의 이름으로 기도합니다. 아멘

이사야 46:3.4;49:15.16

2-2

야곱의 집이여 이스라엘 집에 남은 모든 자여 내게 들을지어다 배에서 태어남으로부터 내게 안겼고 태에서 남으로부터 내게 업힌 너희여 너희가 노년에 이르기까지 내가 그리하겠고 백발이 되기까지 내가 너희를 품을 것이라 내가 지었은즉 내가 업을 것이요 내가 품고 구하여 내리라

여인이 어찌 그 젖 먹는 자식을 잊겠으며 자기 태에서 난 아들을 긍휼히 여기지 않겠느냐 그들은 혹시 잊을지라도 나는 너를 잊지 아니할 것이라 내가 너를 내 손바닥에 새겼고 너의 성벽이 항상 내 앞에 있나니

사랑하는 하나님 아버지!

주님의 품에 안겨서 태어나 계속 그 품안에 있기 원합니다. 또한 나이가 들어 백발이 되도록 주님의 품안에 머물기 원합니다. 사랑하는 하나님 아버지, 주님의 말씀처럼 길러주신 부모님은 저를 잊을지언정 주님께서는 결코 저를 잊지 않습니다. 저의 이름을 주님의 손바닥에

새겨 놓고 모든 인생 가운데 품어주시는 주님이심을 고백하기 원합니다.

나는 선포합니다!

나는 하나님의 사랑을 받는 사람입니다. 하나님께서는 나의 이름을 손바닥에 새겨 놓았습니다. 하나님이 저를 품고 계시듯 저도 늘 주님을 품길 원합니다. 하나님은 저를 언제나 지켜보시며 사랑으로 충만하게 채워주십니다. 하나님의 사랑을 받는 나는 하나님의 보배입니다. 하나님은 영원히 나를 사랑하시며 강력한 팔로 나를 이끌어주십니다. 부드럽고 세밀한 하나님의 사랑을 나는 마음껏 누립니다.

예수님의 이름으로 기도합니다. 아멘

2-3 요한복음 10:10, 28~29

도둑이 오는 것은 도둑질하고 죽이고 멸망시키려는 것뿐이요 내가 온 것은 양으로 생명을 얻게 하고 더 풍성히 얻게 하려는 것이라. 내가 그들에게 영생을 주노니 영원히 멸망하지 아니할 것이요 또 그들을 내 손에서 빼앗을 자가 없느니라 그들은 주신 내 아버지는 만물보다 크시매 아무도 아버지 손에서 빼앗을 수 없느니라

사랑하는 하나님 아버지! 

모든 만물보다 크시며 전능하신 주님, 주님 안에 거할 때 저는 제일

안전합니다. 누구도 나를 해할 수 없고 빼앗을 수 없습니다. 저는 주의 것이며 주님의 양입니다. 나를 영원히 멸망하지 않도록 하시고 통성한 생명을 얻게 하신 주님, 영생의 선물을 허락하심을 감사드립니다.

나는 선포합니다!

나는 그리스도 안에서 영생을 얻었기에 멸망하지 않습니다. 나는 생명을 얻었습니다. 주님이 내 안에 계심으로 영생을 얻었습니다. 내 안의 주님으로 인해 나의 영성과 이성, 지성과 감성이 모두 새롭게 변화됩니다. 나는 모든 방면과 영역에서 계속해서 발전되고 확장됩니다. 나는 예수님의 풍성한 영화로움을 나타냅니다. 나는 예수님의 형상과 모습으로 생활합니다.

예수님의 이름으로 기도합니다. 아멘

2-4

로마서 8:1~2, 16~17

그러므로 이제 그리스도 예수 안에 있는 자에게는 결코 정죄함이 없나니 이는 그리스도 예수 안에 있는 생명의 성령의 법이 죄와 사망의 법에서 너를 해방하였음이라

성령이 친히 우리의 영과 더불어 우리가 하나님의 자녀인 것을 증언하시나니 자녀이면 또한 상속자 곧 하나님의 상속자요 그리스도와 함께 한 상속자니 우리가 그와 함께 영광을 받기 위하여 고난도 함께 받아야 할 것이니라

사랑하는 하나님 아버지!

저에게 생명을 허락하시고 성령님의 인도하심을 통해 길을 보여주심을 감사드립니다. 이제 저는 죄와 사망의 법에서 해방되었습니다. 죄와 사망은 나를 더 이상 억압할 수 없기에 더 이상의 정죄도 없습니다. 나는 이미 해방 되었습니다. 나는 이미 자유를 얻었습니다. 내 안에 성령님이 계시기에 나는 이제 마음을 다해 증언합니다. 나는 하나님의 자녀입니다. 나는 하나님의 상속자입니다.

나는 선포합니다!

나는 그리스도 안에서 참된 자유를 얻었습니다. 나는 모든 억압과 구속에서 벗어났습니다. 나는 모든 잘못된 기호와 습관에서 승리했습니다. 나는 하나님의 자녀입니다. 나는 그리스도와 함께 하나님의 기업과 유산을 상속받을 자입니다. 하나님 아버지 감사합니다. 이 얼마나 존귀하고 영화로운 은혜인지 알 수 없습니다. 나는 예수님과 함께 고난을 받고 예수님과 함께 영광을 누리기를 갈망합니다.

예수님의 이름으로 기도합니다. 아멘

2-5 로마서 8:26~30

이와 같이 성령도 우리의 연약함을 도우시나니 우리는 마땅히 기도할 바를 알지 못하나 오직 성령이 말할 수 없는 탄식으로 우리를 위하여 친히 간구 하시느니라 마음을 살피시는 이가 성령의 생각을 아시나니 이는 성령이 하나님의 뜻대로 성도를 위하여 간구하심이니라 우리가 알거니와 하나님을 사랑하는 자 곧 그의 뜻대로 부르심을 입은 자들에게는 모든 것이 합력하여 선을 이루느니라 하나님이 미리 아신 자들을 또한 그 아들의 형상을 본받게 하기 위하여 미리 정하셨으니 이는 그로 많은 형제 중에서 맏아들이 되게 하려 하심이니라 또 미리 정하신 그들을 또한 부르시고 부르신 그들을 또한 의롭다 하시고 의롭다 하신 그들을 또한 영화롭게 하셨느니라.

사랑하는 하나님 아버지! 

생명을 살리시는 하나님의 놀라운 계획을 믿습니다. 주님은 나를 구원하였고 나를 의롭게 하고, 하나님 아들의 영광을 얻게 만물을 다스리게 하시고 그 위에 세우셨습니다.

나는 선포합니다!

나는 하나님의 부름과 특별한 택함을 받았습니다. 주 예수님이 나의 형제이며 우리의 선생이며 우리의 리더입니다. 주님은 언제나 앞장서서 우리를 하나님의 영광 안으로 인도해 주십니다.

모든 것을 나에게 유익하게 이루어주시는 하나님을 사랑합니다. 성령님께서 나를 위해 기도해 주시기에 나는 하나님의 뜻 가운데 살 수 있습니다. 나의 삶은 점점 예수님을 닮아갑니다. 나는 하나님의 아들의 형상으로 살기를 소망합니다. 하나님께서 나를 위해 예비해 주신 하나님의 영광 안으로 예수 그리스도와 함께 들어가길 원합니다.

　예수님의 이름으로 기도합니다. 아멘

로마서 8:31~37

2-6

그런즉 이 일에 대하여 우리가 무슨 말 하리요 만일 하나님이 우리를 위하시면 누가 우리를 대적하리요 자기 아들을 아끼지 아니하시고 우리 모든 사람을 위하여 내주신 이가 어찌 그 아들과 함께 모든 것을 우리에게 주시지 아니하겠느냐 누가 능히 하나님께서 택하신 자들을 고발하리요 의롭다 하신 이는 하나님이시니 누가 정죄하리요 죽으실 뿐 아니라 다시 살아나신 이는 그리스도 예수시니 그는 하나님 우편에 계신 자요 우리를 위하여 간구하시는 자시니라 누가 우리를 그리스도의 사랑에서 끊으리요… 그러나 이 모든 일에 우리를 사랑하시는 이로 말미암아 우리가 넉넉히 이기느니라

사랑하는 하나님 아버지! 

　주님이 우리를 위하여 생명을 내 주시는 귀한 축복을 주시고, 또 만물을 다스리는 복까지 주셨습니다. 하나님은 저를 도우시는 자이시고 또한 나를 사랑하시고 보호해주시는 분이십니다. 하나님으로 인해 아무도 나를 고발하지 못하고 아무도 나를 정죄할 수 없고 아무도 나를 대적할 수 없습니다. 그리고 그 독생자 예수 그리스도는 나를 위하여 돌아 가셨고 또 부활 하셨습니다. 지금은 하나님 우편에 계시면서

나를 위해 기도하시는 주님을 나는 믿습니다.

나는 선포합니다!

나는 하나님의 택함을 받았습니다. 나는 예수 그리스도의 사랑을 통해 하나님의 사랑을 받았습니다. 세상의 무엇도, 그 누구도 저와 그리스도의 사랑을 단절할 수 없습니다. 하나님은 나를 도우시는 분이시며, 사랑하시며 모든 것을 주시는 분입니다.

나는 그리스도 안에서 충분히 승리할 수 있습니다. 주님으로 인해 내 마음은 평안하며, 나의 삶은 소망이 있고, 나의 믿음에는 의지가 있습니다. 나는 하나님의 사랑과 은총을 받는 사람입니다.

예수님의 이름으로 기도합니다. 아멘

고린도전서 1:26~31

2-7

형제들아 너희를 부르심을 보라 육체를 따라 지혜로운 자가 많지 아니하며 능한 자가 많지 아니하며 문벌 좋은 자가 많지 아니하도다 그러나 하나님께서 세상의 미련한 것들을 택하사 지혜 있는 자들을 부끄럽게 하려 하시고 세상의 약한 것들을 택하사 강한 것들을 부끄럽게 하려 하시며 하나님께서 세상의 천한 것들과 멸시 받는 것들과 없는 것들을 택하사 있는 것들을 폐하려 하시나니 이는 아무 육체도 하나님 앞에서 자랑하지 못하게 하려 하심이라 너희는 하나님으로부터 나서 그리스도 예수 안에 있고 예수는 하나님으로부터 나와서 우리에게 지혜와 의로움과 거룩함과 구원함이 되셨으니 기록된 바 자랑하는 자는 주 안에서 자

사랑하는 하나님 아버지!

사람의 관점에서 볼 때 우리는 사회의 높은 지위에 있지도 않고 재능과 능력도 없으며, 지혜와 총명도 너무나 부족합니다. 저는 연약하고 보잘 것 없으며 아무것도 소유한 것이 없습니다. 그렇지만 주님이 저를 택했고 저를 불러 주셨습니다. 그리고 구세주 그리스도와 연결시켜 주셨습니다. 우리로 하여금 예수 그리스도 안에서 이 모든 풍성한 것을 얻게 하셨습니다. 하나님 아버지 정말로 감사합니다. 예수 그리스도로 인해 우리의 지혜, 공의, 성결, 모두 구속 되었습니다. 이 영화로운 은혜 가운데 나는 선포합니다!

나는 선포합니다!

나는 그리스도 안에서 지혜 있는 자이고, 성결한 자입니다. 주의 은혜로 구속을 얻는 나는 공의로운 자이기에 참 자유가 있습니다. 그리스도 안에서 나는 강건한 자이고, 존귀한 자이고, 영화로운 자입니다. 그 풍성한 그리스도 안에서 그리스도의 모든 성품이 다 나의 것이 되어가며 그리스도의 형상과 모습이 나의 몸 안에서 회복됩니다.

예수님의 이름으로 기도합니다. 아멘

고린도전서 2:9~12

기록된 바 하나님이 자기를 사랑하는 자들을 위하여 예비하신 모든 것은 눈으로 보지 못하고 귀로 듣지 못하고 사람의 마음으로 생각하지도 못하였다 함과 같으니라 오직 하나님이 성령으로 이것을 우리에게 보이셨으니 성령은 모든 것 곧 하나님의 깊은 것까지도 통달하시느니라 사람의 일을 사람의 속에 있는 영 외에 누가 알리요 이와 같이 하나님의 일도 하나님의 영 외에는 아무도 알지 못하느니라 우리가 세상의 영을 받지 아니하고 오직 하나님으로부터 온 영을 받았으니 이는 우리로 하여금 하나님께서 우리에게 은혜로 주신 것들을 알게 하려 하심이라

사랑하는 하나님 아버지! 

하나님을 사랑하는 자들을 위해 주님께서는 우리가 상상도 할 수 없는 놀라운 것들을 예비해주셨습니다. 하나님 아버지 저는 오로지 주님만을 믿고 의지합니다. 주님이 저를 위해 예비해 주신 것은 언제나 제가 구하고 생각한 것보다 더 차고 넘칩니다. 전지한 하나님께는 전능한 능력과 놀라운 자비가 있습니다 있습니다. 하나님은 즐거이 우리에게 은혜를 베푸시는 분이십니다.

나는 선포합니다!

나는 모든 것을 다해, 즉 나의 몸과 마음 그리고 이성, 힘, 의지를 다하여 하나님을 사랑합니다. 또한 나는 내 생각과 기대를 뛰어넘어 일하시는 주님의 은혜를 기대합니다. 내 삶에 성령님이 충만하게 임하시기

를 기대합니다. 성령님이 내 안에 거하시며 나에게 지혜와 계시를 주시고, 모든 것을 알게 해주시는 하나님의 영이 은혜와 풍요로움을 주실 줄을 믿습니다. 세상의 일을 넘는 영의 일을 깨닫게 하소서. 그로 인해 주님이 주시는 모든 은혜와 축복을 누리길 원합니다.

예수님의 이름으로 기도합니다. 아멘

3-2 고린도전서 3:16~17;6:19~20

너희는 너희가 하나님의 성전인 것과 하나님의 성령이 너희 안에 계시는 것을 알지 못하느냐 누구든지 하나님의 성전을 더럽히면 하나님이 그 사람을 멸하시리라 하나님의 성전은 거룩하니 너희도 그러하니라

너희 몸은 너희가 하나님께로부터 받은 바 너희 가운데 계신 성령의 전인 줄을 알지 못하느냐 너희는 너희 자신의 것이 아니라 값으로 산 것이 되었으니 그런즉 너희 몸으로 하나님께 영광을 돌리라

사랑하는 하나님 아버지! 

그리스도의 보혈이라는 비싼 값으로 저를 사셨기에 저는 오로지 주님의 것입니다. 성령님께서 제 안에 계시고 성령님께서는 제 몸을 거처로 삼으셨습니다. 내 몸을 성령님의 집으로 삼으셨습니다. 나는 성령님께서 거주하는 성전입니다. 그러므로 나는 거룩하며 하나님의 영화로운 임재가 내 생명 안에 충만합니다.

나는 선포합니다!

나는 하나님 아버지의 보배입니다. 나는 하나님께서 귀하게 여기는 사람이며 최고의 가치 있는 사람입니다. 또한 나는 성결하고 존귀한 자입니다. 그러므로 나는 선포합니다. 그리스도는 나의 생명의 주이시며 내 생활을 주장하십니다. 그리스도는 내 몸의 주인이시며 그로 인해 나의 삶에 하나님이 임재하심으로 영광을 드러내게 됩니다. 나의 몸을 하나님께서 사용하시길 원합니다. 거룩한 삶으로 내 삶이 변화되며 나의 모든 인격이 새롭게 변화되며 성령께서 내 안에서 내 생명을 더욱 더 영화롭게 하실 줄을 믿습니다.

예수님의 이름으로 기도합니다. 아멘

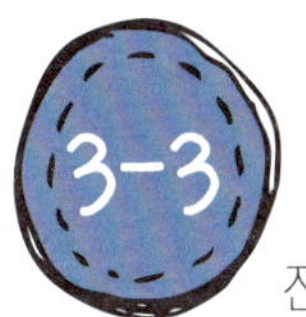

고린도후서 5: 17

그런즉 누구든지 그리스도 안에 있으면 새로운 피조물이라 이전 것은 지나갔으니 보라 새 것이 되었도다.

갈라디아서 3:13~14

그리스도께서 우리를 위하여 저주를 받은 바 되사 율법의 저주에서 우리를 속량하셨으니 기록된 바 나무에 달린 자마다 저주 아래에 있는 자라 하였음이라 이는 그리스도 예수 안에서 아브라함의 복이 이방인에게 미치게 하고 또 우리로 하여금 믿음으로 말미암아 성령의 약속을 받게 하려 함이라

사랑하는 하나님 아버지!

누구든지 그리스도 안에 있으면 새로운 피조물이라 이전 것은 지나갔으니 모든 것이 다 새롭게 되었다는 말씀이 바로 주님의 약속입니다. 그러므로 나는 선포합니다. 나는 새로운 피조물입니다. 나의 더러운 옛 것은 다 지나갔습니다. 나는 새로워졌습니다! 내 생명이 새로워졌고 신분과 지위도 변했습니다. 나의 생활도 이전과 달라졌고 이제 나는 하나님의 완전한 새로운 창조물입니다.

나는 선포합니다!

내 삶의 모든 저주는 그리스도 안에서 다 사라졌습니다. 나는 두려움과 질병과 가난에서 벗어났습니다. 나는 하나님께서 아브라함에게 주셨던 축복의 약속을 받았습니다. 그 약속으로 건강, 평안, 기쁨, 믿음을 얻었습니다. 이제 성령님께서 내 안에 계십니다. 하나님의 형상과 모양, 하나님의 진리와 성결, 하나님의 영화로움과 존귀가 그로 인해 회복됩니다. 하나님의 형상을 닮아가며 내 삶의 모든 연약한 부분이 주님의 은혜로 모두 회복될 것을 기대합니다.

예수님의 이름으로 기도합니다. 아멘

3-4 에베소서 1:3~8

찬송하리로다 하나님 곧 우리 주 예수 그리스도의 아버지께서 그리스도 안에서 하늘에 속한 모든 신령한 복을 우리에게 주시되 곧 창세 전에 그리스도 안에서 우리를 택하사 우리로 사랑 안에서 그 앞에 거룩하고 흠이 없게 하시려고 그 기쁘신 뜻대로 우리를 예정하사 예수 그리스도로 말미암아 자기의 아들들이 되게 하셨으니 이는 그가 사랑하시는 자 안에서 우리에게 거저 주시는 바 그의 은혜의 영광을 찬송하게 하려는 것이라 우리는 그리스도 안에서 그의 은혜의 풍성함을 따라 그의 피로 말미암아 속량 곧 죄 사함을 받았느니라 이는 그가 모든 지혜와 총명을 우리에게 넘치게 하사

사랑하는 하나님 아버지!

모든 찬양과 경배와 감사를 모두 다 주님께 돌려드립니다! 나는 선포합니다. 나는 그리스도 안에서 하늘에 속한 모든 신령한 복을 받았습니다. 나는 창세 이전에 이미 선택 받았습니다. 그리스도 안에 있음으로 하나님께서 나를 성결하고 흠이 없는 자로 보시고 나를 사랑하시고 나를 자녀로 삼아 주셨습니다. 나로 하여금 예수 그리스도의 보혈로 구속하셨고 나의 죄를 사하여 주셨습니다. 하나님 아버지 이토록 놀랍고 영화로운 풍성한 은혜를 주셔서 감사합니다. 이 모든 것이 다 하나님께서 베푸신 충만한 은혜입니다.

하나님은 위대하고 풍성하고 지혜롭고 은혜가 넘치는 분이심을 나는 시인하고 선포합니다. 나는 하나님의 선택받은 자입니다. 나는 하나님의 자녀이고 성결한 자입니다. 나는 하나님께 구속된 자로 용서 받은 자, 은총 받은 자, 사랑받는 하나님의 자녀입니다.

나는 선포합니다!

하나님께서 주신 크고, 놀랍고, 아름다운, 풍성한 모든 은혜를 나는 믿음으로 받아들입니다.

예수님의 이름으로 기도합니다. 아멘

3-5 에베소서 1:9~14

그 뜻의 비밀을 우리에게 알리신 것이요 그의 기뻐하심을 따라 그리스도 안에서 때가 찬 경륜을 위하여 예정하신 것이니 하늘에 있는 것이나 땅에 있는 것이 다 그리스도 안에서 통일되게 하려 하심이라 모든 일을 그의 뜻의 결정대로 일하시는 이의 계획을 따라 우리가 예정을 입어 그 안에서 기업이 되었으니 이는 우리가 그리스도 안에서 전부터 바라던 그의 영광의 찬송이 되게 하려 하심이라 그 안에서 너희도 진리의 말씀 곧 너희의 구원의 복음을 듣고 그 안에서 또한 믿어 약속의 성령으로 인치심을 받았으니 이는 우리 기업의 보증이 되사 그 얻으신 것을 속량하시고 그의 영광을 찬송하게 하려 하심이라

사랑하는 하나님 이미지!

하나님의 선한 뜻대로 모든 일을 행하시는 주님. 주님의 선하고 아름다운 뜻이 하나님의 때에 하나님의 방법으로, 하나님의 계획하심을 따라 실행될 줄 믿습니다. 나의 존재 역시 하나님의 영원한 계획과 아름다운 뜻 속에 거하기를 원합니다.

에베소서 1:17~19

3-6 우리 주 예수 그리스도의 하나님, 영광의 아버지께서 지혜와 계시의 영을 너희에게 주사 하나님을 알게 하시고 너희 마음의 눈을 밝히사 그의 부르심의 소망이 무엇이며 성도 안에서 그 기업의 영광의 풍성함이 무엇이며 그의 힘의 위력으로 역사하심을 따라 믿는 우리에게 베푸신 능력의 지극히 크심이 어떠한 것을 너희로 알게 하시기를 구하노라

사랑하는 하나님 아버지!

저로 하여금 풍성하고 영화로운 기업을 받게 부르심을 감사드립니

다. 하나님은 저에게 놀라운 가능성을 주셨습니다. 저는 주님으로 인해 이 사실을 믿고 영화로운 말씀의 진리를 동의합니다.

나는 선포합니다!

하나님께서 지혜와 계시의 영을 나에게 주셨고, 바르게 하나님을 알게 하십니다. 성령님께서 내 마음의 눈을 밝혀 주시고 영을 이해하는 참된 지혜를 얻게 하셨기 때문입니다.

나는 예수님의 속한 자이기에 하나님의 기업을 받으며 무한한 가능성을 품고 있습니다. 또 하나님의 풍성한 은혜와 영화로운 누리며 큰 소망을 가지게 되었습니다. 성령님이 주시는 참된 지혜로 하나님의 무한한 능력을 경험하는 내 인생은 정말로 소중합니다.

하나님의 크고 놀라우신 일을 경험함으로 내 인생은 멋지고 찬란해집니다. 나는 하나님의 영화로운 증인입니다.

예수님의 이름으로 기도합니다. 아멘

3-7 에베소서 2:4~6, 8~10

긍휼이 풍성하신 하나님이 우리를 사랑하신 그 큰 사랑을 인하여 허물로 죽은 우리를 그리스도와 함께 살리셨고 (너희는 은혜로 구원을 받은 것이라) 또 함께 일으키사 그리스도 예수 안에서 함께 하늘에 앉히시니 너희는 그 은혜에 의하여 믿음으로 말미암아 구원을 받았으니 이것은 너희에게서 난 것이 아니요 하나님의 선물이라 행위에서 난 것이 아니니 이는 누구든지 자랑하지 못하게 함이라 우리는 그가 만드신 바

라 그리스도 예수 안에서 선한 일을 위하여 지으심을 받은 자니 이 일은
하나님이 전에 예비하사 우리로 그 가운데서 행하게 하려 하심이니라

사랑하는 하나님 아버지! 

주님으로 인해 저는 큰 긍휼과 사랑을 받았습니다. 죄 안에서 죽을
수밖에 없는 저를 주님은 예수 그리스도를 통해 살리셨습니다. 부활
하신 그리스도를 통해 저를 하늘로 불러주셨습니다.

나는 선포합니다!

나는 하늘에 속한 생명이며 하늘에 속한 신분과 지위를 가진 사람입
니다. 그리스도 안에 내가 있기 때문입니다. 나는 하나님의 귀한 작품
이기에 성령님께서 나를 통해 계속 일하시며 하나님의 형상을 닮아가
게 하십니다. 또한 하나님의 일을 하게 만드십니다.

나로 하여금 주님으로 인해 구원하시고 하늘로 불러주신 그 은총은
얼마나 큰 지 헤아릴 수 없습니다. 주님을 통해서만 내 삶은 아름답고
존귀하게 될 수 있습니다. 나는 하나님의 귀한 작품이며, 소중한 영혼
입니다. 내 생명을 통해 하나님의 마음을 만족시키기를 원합니다.

예수님의 이름으로 기도합니다. 아멘

에베소서 2:19~22

그러므로 이제부터 너희는 외인도 아니요 나그네도 아니요 오직 성도들과 동일한 시민이요 하나님의 권속이라 너희는 사도들과 선지자들의 터 위에 세우심을 입은 자라 그리스도 예수께서 친히 모퉁잇돌이 되셨느니라 그의 안에서 건물마다 서로 연결하여 주 안에서 성전이 되어 가고 너희도 성령 안에서 하나님이 거하실 처소가 되기 위하여 그리스도 예수 안에서 함께 지어져 가느니라

사랑하는 하나님 아버지!

그리스도 안에 있기에 저는 더 이상 떠돌이나 외로운 나그네가 아닙니다. 저는 하나님의 집 안에 있는 사람입니다. 거룩한 백성들과 함께 거하고, 같은 나라에 있습니다. 예수 그리스도께서 견고하고 튼튼한 모퉁이 돌이 되시기 때문입니다. 성도들이 함께 연합하며 점점 더 주님의 성전을 아름답게 이룹니다.

사랑하는 주님! 주님이 베푸신 은혜 가운데 선포합니다. 나는 영화롭고 존귀한 자입니다. 천국의 시민이며 하나님 집에 속한 사람입니다. 내 몸은 성령의 전이며 나는 하나님께서 만드신 자입니다. 내 안에 성령님께서 거주하시며 계속해서 새롭게 나를 변화시키십니다.

나는 선포합니다!

나는 하나님의 집을 사랑하며 같은 마음으로 형제자매를 서로 사랑합니다. 하나님의 집 안에서 성도들은 연합하며 예수 그리스도의 사랑

하는 마음으로 사람들을 사랑해야 합니다. 나는 하나님께 속한 자로써 사람들을 사랑해야 합니다. 성결한 하나님의 교회는 더욱 흥왕하며 풍성해가며 놀라운 영광 가운데 있습니다.

예수님의 이름으로 기도합니다. 아멘

4-2 빌립보서 3:20~21

그러나 우리의 시민권은 하늘에 있는지라 거기로부터 구원하는 자 곧 주 예수 그리스도를 기다리노니 그는 만물을 자기에게 복종하게 하실 수 있는 자의 역사로 우리의 낮은 몸을 자기 영광의 몸의 형체와 같이 변하게 하시리라

요한계시록 21:3~4

내가 들으니 보좌에서 큰 음성이 나서 이르되 보라 하나님의 장막이 사람들과 함께 있으매 하나님이 그들과 함께 계시리니 그들은 하나님의 백성이 되고 하나님은 친히 그들과 함께 계셔서 모든 눈물을 그 눈에서 닦아 주시니 다시는 사망이 없고 애통하는 것이나 곡하는 것이나 아픈 것이 다시 있지 아니하리니 처음 것들이 다 지나갔음이러라

사랑하는 하나님 아버지! 

하나님을 믿고 의지하는 사람이 정말로 복 있는 사람입니다! 비록 허망한 세상 가운데 살지라도 주님으로 인해 많은 소망이 있습니다.

우리는 천국 시민이며 다시 오실 주님을 기다리는 사람이기 때문입니다.

그날에는 주님이 세상을 통치하시며 모든 성도들의 형상도 변화가 되어 거룩하게 됩니다. 그리스도의 영광만이 충만하며 하나님이 친히 우리를 위로하며 함께 하십니다. 하나님이 우리의 눈물을 닦아 주시며 모든 것이 새로워지는 새날이 찾아옵니다. 진심으로 이 영광의 순간이 찾아오기를 믿는 마음으로 갈망합니다.

나는 선포합니다!

오직 예수 그리스도 안에만 영원한 소망이 있습니다. 나는 방향이 있고 목표가 있는 의미 있는 인생을 살아가야 합니다. 나는 용감하게 하루하루를 맞이해야 합니다. 나는 영원히 가치 있는 일을 힘써 행해야 합니다. 나를 알고 이해하시며, 나를 위해 일하시는 주님께서 나를 위한 놀라운 계획을 가지고 언제나 함께 하십니다.

예수님의 이름으로 기도합니다. 아멘

빌립보서 4:13 19

내게 능력 주시는 자 안에서 내가 모든 것을 할 수 있느니라.

나의 하나님이 그리스도 예수 안에서 영광 가운데 그 풍성한 대로 너희 모든 쓸 것을 채우시리라

에베소서 3:20

우리 가운데서 역사하시는 능력대로 우리가 구하거나 생각하는 모든 것에 더 넘치도록 능히 하실 이에게

사랑하는 하나님 아버지! 

하나님은 우리에게 매우 소중한 약속을 주셨습니다. 그 약속을 따라 우리에게 필요한 모든 것을 채워주시며 영광 가운데 거하게 하십니다. 우리의 삶 가운데서 역사하시는 주님이 모든 것을 이루어주십니다. 주님의 능력은 우리가 구하고 바라는 것을 넘치는 놀라운 응답입니다. 그 약속을 주신 주님, 감사합니다. 내게 능력 주시는 자 안에서 모든 것을 할 수 있습니다.

나는 선포합니다!

하나님께서는 나에게 필요한 능력을 주시는 분이십니다. 나는 주님을 의지하여 모든 것을 할 수 있습니다. 내가 필요한 모든 것들은 나의 아버지이신 주님께서 다 풍성하게 공급해 주십니다.

나는 선포합니다!

내가 구하고 바라는 모든 것들은 하나님께서 차고 넘치게 이루어주십니다. 하나님께서는 나의 꿈과 기대를 저버리지 않으시고 이루어주실 능력이 있으십니다.

4-4 골로새서 2:2~3, 9~10

이는 그들로 마음에 위안을 받고 사랑 안에서 연합하여 확실한 이해의 모든 풍성함과 하나님의 비밀인 그리스도를 깨닫게 하려 함이니 그 안에는 지혜와 지식의 모든 보화가 감추어져 있느니라

그 안에는 신성의 모든 충만이 육체로 거하시고 너희도 그 안에서 충만하여졌으니 그는 모든 통치자와 권세의 머리시라

그리스도는 내 안에 거하고 계십니다. 따라서 하나님이 베푸시는 모든 풍성함도 내 안에 있습니다. 그로 인해 나의 삶은 무한한 가능성이 생겼습니다. 이 사실을 믿고 나는 용감하게 시도해야 합니다. 나는 이 사실을 믿고 계속해서 도전할 것입니다. 주님께서 힘을 주십니다.

지금 내가 사는 것은 나의 자아로 인한 나의 삶이 아니라 오직 예수 그리스도가 내 안에서 살아가는 것입니다.

예수님의 이름으로 기도합니다. 아멘

4-5 야고보서 1:16~18

내 사랑하는 형제들아 속지 말라 온갖 좋은 은사와 온전한 선물이 다 위로부터 빛들의 아버지께로부터 내려오나니 그는 변함도 없으시고 회전하는 그림자도 없으시니라 그가 그 피조물 중에 우리로 한 첫 열매가 되게 하시려고 자기의 뜻을 따라 진리의 말씀으로 우리를 낳으셨느니라.

사랑하는 하나님 아버지! 

하나님은 영원히 변치 않는 빛이십니다. 우리를 외면하지 않으시고 언제나 바라보시는 주님이십니다. 저는 진리의 빛이신 주님으로 인해 이 땅에 태어났고 또 하나님의 뜻대로 존재합니다. 또한 하나님은 좋은 은사와 온전한 선물을 하늘로부터 내려 주시는 분이십니다. 나의 생명은 주님의 선물로 만족하며, 하나님이 만든 피조물 중에 첫 열매로 변화시켜주십니다.

나는 선포 합니다!

나는 하나님이 주신 온전한 은사와 풍성한 선물들을 순종함으로 받을 것입니다. 나의 삶을 통해서 하나님의 풍성한 영광을 나타내며 예수님이 보여주신 생명의 성품을 세상에 흘러가게 할 것입니다. 나는 천국의 모습을 나타내는 천국의 증인이 될 것입니다.

모든 사람이 나의 삶을 통해 하나님을 볼 수 있게 살아있는 복음의 증거가 되겠습니다.

예수님의 이름으로 기도합니다. 아멘

4-6 베드로전서 5:7~10

너희 염려를 다 주께 맡기라 이는 그가 너희를 돌보심이라 근신하라 깨어라 너희 대적 마귀가 우는 사자 같이 두루 다니며 삼킬 자를 찾나니 너희는 믿음을 굳건하게 하여 그를 대적하라 이는 세상에 있는 너희 형제들도 동일한 고난을 당하는 줄을 앎이라 모든 은혜의 하나님 곧 그리스도 안에서 너희를 부르사 자기의 영원한 영광에 들어가게 하신 이가 잠깐 고난을 당한 너희를 친히 온전하게 하시며 굳건하게 하시며 강하게 하시며 터를 견고하게 하시리라.

사랑하는 하나님 아버지!

여러 은혜를 넘치게 주심을 감사드립니다. 예수님의 이름으로 우리를 불러주시고 또한 살펴주시며, 천국의 영화로움을 누리게 해주신 분이 하나님이십니다.

우리가 믿음으로 인해 고난을 받더라도 하나님이 이길 능력을 주시고 더욱 견고하게 하십니다. 그러므로 하나님의 사랑 가운데 언제나 거하길 소망합니다.

나는 선포합니다. 나의 모든 짐과 걱정을 다 맡겨 버리라는 주님의 말씀을 믿습니다. 하나님이 그 짐을 대신 맡아 주시고 나를 살피십니다. 나에게 능력을 주시는 하나님이 나의 모든 것을 돌보시고 넘치는 은혜를 더하여 주십니다.

나는 선포합니다!

하나님을 향한 믿음을 지키도록 늘 깨어 있겠습니다. 견고한 믿음으로 원수 마귀의 간계에 빠지지 않으며, 걱정과 근심에서 해방될 것입니다. 오로지 주님을 향한 마음을 지키며 성령님을 따라 살겠습니다. 주님이 주신 영화로움으로 내 인생에는 특별한 소망이 피어납니다.

예수님의 이름으로 기도합니다. 아멘

이사야 40:28~31

4-7 너는 알지 못하였느냐 듣지 못하였느냐 영원하신 하나님 여호와, 땅 끝까지 창조하신 이는 피곤하지 않으시며 곤비하지 않으

시며 명철이 한이 없으시며 피곤한 자에게는 능력을 주시며 무능한 자에게는 힘을 더하시나니 소년이라도 피곤하며 곤비하며 장정이라도 넘어지며 쓰러지되 오직 여호와를 앙망하는 자는 새 힘을 얻으리니 독수리가 날개 치며 올라감 같을 것이요 달음박질하여도 곤비하지 아니하겠고 걸어가도 피곤하지 아니하리로다

사랑하는 하나님 아버지! 

주님은 모든 만물을 창조하신 주님이십니다. 영원 가운데 거하시며 피곤하지도, 곤비하지도 않으십니다. 주님의 지혜는 측량할 수도 없고 그 능력에는 다함이 없습니다. 그런 주님이 피곤한 자에게는 힘을 주시고, 연약한 자에게는 능력을 주신다고 말씀하셨습니다.

나는 선포합니다!

모든 지혜의 근본이자 능력의 근원이신 하나님 아버지가 또한 은혜를 베푸십니다. 우리가 쓰러지지 않게 부축하시며 인도하시는 분이심을 나는 선포합니다.

하나님을 앙망할 때 새 힘을 얻고 독수리 같이 날개짓하며 올라갈 수 있습니다. 뛰어도 피곤히 않으며 걸어가도 곤비치 않으니 주님이 주시는 생명의 에너지가 내 안에 충만합니다. 주님을 붙들며 그 힘을 끊임없이 공급 받습니다.

나는 선포합니다!

그리스도 안에서 나는 강건한 자입니다. 또한 승리한 자입니다. 나는 모든 환경과 처지를 초월할 수 있습니다. 나는 주님이 주시는 삶으로 나의 삶을 창조할 능력이 있습니다. 나는 주님이 주시는 힘으로 한계를 돌파하며 계속해서 도전할 것입니다. 주님으로 인해 영광의 영광을 얻고 기쁨에 기쁨을 얻을 것입니다.

예수님의 이름으로 기도합니다. 아멘

시편 66:10~12

하나님이여 주께서 우리를 시험하시되 우리를 단련하시기를 은을 단련함 같이 하셨으며 우리를 끌어 그물에 걸리게 하시며 어려운 짐을 우리 허리에 매어 두셨으며 사람들이 우리 머리를 타고 가게 하셨나이다 우리가 불과 물을 통과하였더니 주께서 우리를 끌어내사 풍부한 곳에 들이셨나이다

이사야 55:8~9

이는 내 생각이 너희의 생각과 다르며 내 길은 너희의 길과 다름이니라 여호와의 말씀이니라 이는 하늘이 땅보다 높음 같이 내 길은 너희의 길보다 높으며 내 생각은 너희의 생각보다 높음이니라

사랑하는 하나님 아버지! 

주님이 나의 주님이심으로 정말로 고백합니다. 하나님의 생각이 저의 생각보다 훨씬 높고, 나의 갈 길을 나보다 더 잘 아심을 고백합니다. 오직 주님만을 온전히 믿고 따르길 원합니다.

하나님은 모든 것을 아시고 지혜롭고 능력이 많으신, 사랑이 풍성하신 저의 하나님이시기 때문입니다. 그리고 주님은 저를 생각하며 돌보시는 분입니다. 주님의 사랑 안에서 저는 안식을 누립니다.

나는 선포합니다!

나를 가로막는 힘든 일들과 스트레스를 주는 상황들, 모든 불합리한

대우가 이제는 오히려 축복이 될 것입니다. 이 모든 어려움들은 하나님께서 아름다운 뜻을 이루기 위한 통로입니다.

나는 선포합니다!

여러 가지 시련 가운데 있을지라도 나의 기쁨은 충만할 것입니다. 연단의 연단 가운데 인내하고 기다리겠습니다. 나는 하나님의 모습을 닮도록 점점 변화될 것입니다. 내 지경은 더욱 확장되며 지금 위치보다 더 높아 질 것입니다. 나도 알지 못하는 새롭고 놀라운 곳으로, 풍성한 약속의 땅으로 주님이 인도하실 것입니다.

예수님의 이름으로 기도합니다. 아멘

역대상 4:9~10

5-2

야베스는 그의 형제보다 귀중한 자라 그의 어머니가 이름하여 이르되 야베스라 하였으니 이는 내가 수고로이 낳았다 함이었더라 야베스가 이스라엘 하나님께 아뢰어 이르되 주께서 내게 복을 주시려거든 나의 지역을 넓히시고 주의 손으로 나를 도우사 나로 환난을 벗어나 내게 근심이 없게 하옵소서 하였더니 하나님이 그가 구하는 것을 허락하셨더라

요한삼서 1:2

사랑하는 자여 네 영혼이 잘됨 같이 네가 범사에 잘되고 강건하기를 내가 간구하노라

사랑하는 하나님 아버지! 

야베스의 기도를 들어주시고, 운명을 바꾸어주신 주님! 패배자와 같은 인생을 새롭게 변화시키사 고통의 그늘에서 건져주신 주님!

저의 삶에도 임하여 주셔서 모든 환란과 어려움을 바꿔 주실 것을 믿고 의지합니다. 야베스와 같은 은혜를 구하오니 응답해 주소서.

나는 선포합니다!

주님의 보호심으로 환란을 겪지 않게 하시고 근심도 없게 해 주신다는 야베스의 고백을 저도 믿음으로 선포합니다. 기도를 들으시고 응답하심으로 나를 존귀하게 여겨주시며 세상 가운데 높이시며 영혼과 몸을 돌보아주심으로 번성케 하실 것을 믿고 또 구합니다.

예수님의 이름으로 기도합니다. 아멘

5-3 민수기 6:22~27

여호와께서 모세에게 말씀하여 이르시되 아론과 그의 아들들에게 말하여 이르기를 너희는 이스라엘 자손을 위하여 이렇게 축복하여 이르되 여호와는 네게 복을 주시고 너를 지키시기를 원하며 여호와는 그의 얼굴을 네게 비추사 은혜 베푸시기를 원하며 여호와는 그 얼굴을 네게로 향하여 드사 평강 주시기를 원하노라 할지니라 하라 그들은 이같이 내 이름으로 이스라엘 자손에게 축복할지니 내가 그들에게 복을 주리라

고린도후서 13:13

주 예수 그리스도의 은혜와 하나님의 사랑과 성령의 교통하심이 너희 무리와 함께 있을지어다

사랑하는 하나님 아버지! 

우리를 축복하길 원하시고 더욱 사랑하길 원하시는 주님이심을 압니다. 약속의 말씀에 근거하는 모든 선포를 다 축복으로 이루어 주시는 주님이십니다. 간절히 믿음으로 주님을 믿고 선포하기를 원합니다. 저의 삶을 축복해 주시고 또한 보호해 주소서! 주님의 얼굴을 저에게 비추어주시고 은혜를 내려주소서! 평강의 이름 주 예수 그리스도께서 은혜를 통해, 하나님의 인자하심을 누리고, 성령님이 주시는 감동을 깨닫게 하소서!

나는 선포합니다!

나는 그리스도가 주신 은총을 입은 자입니다. 주님이 주신 축복과 평강이 내 안에 있습니다. 나는 하나님의 빛을 따라 인도함을 받고 보호하심을 받습니다.

나는 주님이 축복하신 존귀한 제사장입니다. 이 축복을 나는 다른 사람에게 전하며 살 것입니다. 나는 많은 사람들의 축복의 통로가 될 것이며 가족과 친척들을 위해서도 축복할 것입니다.

예수님의 이름으로 기도합니다. 아멘

골로새서 1:9~14

이로써 우리도 듣던 날부터 너희를 위하여 기도하기를 그치지 아니하고 구하노니 너희로 하여금 모든 신령한 지혜와 총명에 하나님의 뜻을 아는 것으로 채우게 하시고 주께 합당하게 행하여 범사에 기쁘시게 하고 모든 선한 일에 열매를 맺게 하시며 하나님을 아는 것에 자라게 하시고 그의 영광의 힘을 따라 모든 능력으로 능하게 하시며 기쁨으로 모든 견딤과 오래 참음에 이르게 하시고 우리로 하여금 빛 가운데서 성도의 기업의 부분을 얻기에 합당하게 하신 아버지께 감사하게 하시기를 원하노라 그가 우리를 흑암의 권세에서 건져 내사 그의 사랑의 아들의 나라로 옮기셨으니 그 아들 안에서 우리가 속량 곧 죄 사함을 얻었도다

사랑하는 하나님 아버지!

저는 그리스도 안에 거함으로 세상을 이겨내고 계속 성장할 것입니다. 성령님을 의지하여 나는 지혜를 얻었습니다. 그럼으로 부족하지만 조금이나마 하나님의 뜻을 이해할 수가 있게 되었습니다. 내가 하는 모든 일이 주님께서 합당하게 여기시고 좋아하실 수 있게 노력할 것입니다. 나의 생활 중에 아름다운 열매들이 맺혀지며 그로 인해 나는 점점 주님의 마음을 알아가길 원합니다.

나는 선포합니다. 하나님의 영화로운 권능 안에 머물며, 그로 인해 힘을 얻고 모든 일에 기쁨을 더하며 인내하며 용서하며 주님의 뜻을 기다릴 것입니다.

5-5 히브리서 12:1~2, 10~11

이러므로 우리에게 구름 같이 둘러싼 허다한 증인들이 있으니 모든 무거운 것과 얽매이기 쉬운 죄를 벗어 버리고 인내로써 우리 앞에 당한 경주를 하며 믿음의 주요 또 온전하게 하시는 이인 예수를 바라보자 그는 그 앞에 있는 기쁨을 위하여 십자가를 참으사 부끄러움을 개의치 아니하시더니 하나님 보좌 우편에 앉으셨느니라 그들은 잠시 자기의 뜻대로 우리를 징계하였거니와 오직 하나님은 우리의 유익을 위하여 그의 거룩하심에 참여하게 하시느니라 무릇 징계가 당시에는 즐거워 보이지 않고 슬퍼 보이나 후에 그로 말미암아 연단 받은 자들은 의와 평강의 열매를 맺느니라

사랑하는 하나님 아버지!

하늘에 계신 하나님께서 낮은 우리를 대할 때 마치 자녀처럼 대해 주심을 감사드립니다. 때론 징계가 있을지라도 그 역시 아버지의 사랑으로 인한 것임을 알고 있습니다. 주님의 징계는 우리로 하여금 성결한 성품을 갖게 위한 것이고 평강의 열매를 맺고 더욱 더 주님의 마음을 알게 하기 위한 것입니다.

나는 선포합니다!

나의 얽매이기 쉬운 죄를 다 벗어 버리고 모든 짐을 내려놓고 하나님 아버지의 징계를 받아들이겠습니다. 마음이 힘들지라도 상심하지 않고 믿음의 끈을 놓지 않겠습니다. 나를 사랑하는 주님이심은 변하지 않기에 온 몸으로 인내하고 예정하신 길을 오직 달려가겠습니다. 믿음으로 처음과 마지막이신 예수님을 바라봅니다. 홀로 있어도 나는 고독하지 않습니다. 구름같이 둘러싼 허다한 증인들이 나와 함께 있습니다. 하나님의 사랑이 나와 있으며 예수님이 날 위해 중보하십니다. 또한 성령께서 영원히 나와 함께 하실 것입니다.

예수님의 이름으로 기도합니다. 아멘

5-6 **요한복음 14:16. 27;16: 33**

내가 아버지께 구하겠으니 그가 또 다른 보혜사를 너희에게 주사 영원토록 너희와 함께 있게 하리니 평안을 너희에게 끼치노니 곧 나의 평안을 너희에게 주노라 내가 너희에게 주는 것은 세상이 주는 것과 같지 아니하니라 너희는 마음에 근심하지도 말고 두려워하지도 말라 이것을 너희에게 이르는 것은 너희로 내 안에서 평안을 누리게 하려 함이라 세상에서는 너희가 환난을 당하나 담대하라 내가 세상을 이기었노라

사랑하는 하나님 아버지!

저는 정말로 은총을 받은 사람입니다. 저에겐 하나님의 사랑이 있기 때문입니다. 예수님의 구속하심이 있고, 성령님도 저와 함께 하십니다. 세상에서 고난을 당할지라도 안심할 수 있습니다. 예수님이 이미 세상에서 승리하셨기 때문입니다.

나는 선포합니다!

내 마음엔 걱정이 없습니다. 두려움이 있을 수도 없습니다. 내 안에는 오직 그리스도가 주신 평안이 있습니다. 모든 상황 가운데에 그 평강이 내 마음에 있습니다. 보혜사 성령께서 나의 훈계자가 되시고 나를 가르쳐 주십니다. 예수님께서는 나의 사랑하는 동행인이 되시고 나의 마음을 잘 아는 친구가 되어 주십니다. 높은 산이나 낮은 골짜기에서나 주님께서 나와 함께 하십니다. 내가 만나는 상황이 순조롭거나, 폭풍이 불거나 어두울 지라도 주님의 손이 나를 인도해 주십니다. 나의 일생의 주님의 기름부음 가운데 있으며 오로지 하나님의 은혜의 흔적만 남기를 소원합니다.

예수님의 이름으로 기도합니다. 아멘

5-7 요한일서 3:1

보라 아버지께서 어떠한 사랑을 우리에게 베푸사 하나님의 자녀라 일컬음을 받게 하셨는가, 우리가 그러하도다 그러므로 세상이 우리를 알지 못함은 그를 알지 못함이라.

히브리서 4:14~16

그러므로 우리에게 큰 대제사장이 계시니 승천하신 이 곧 하나님의 아들 예수시라 우리가 믿는 도리를 굳게 잡을지어다. 우리에게 있는 대제사장은 우리의 연약함을 동정하지 못하실 이가 아니요 모든 일에 우리와 똑같이 시험을 받으신 이로되 죄는 없으시니라 그러므로 우리는 긍휼하심을 받고 때를 따라 돕는 은혜를 얻기 위하여 은혜의 보좌 앞에 담대히 나아갈 것이니라

사랑하는 하나님 아버지! 

우리를 주님의 자녀로 불러주시는 특권을 주신 주님은 얼마나 인자하십니까? 하나님의 자녀가 되는 것은 정말로 놀라운 특권입니다. 그 특권으로 우리는 두려움 없이 하나님 은혜의 보좌 앞에 담대히 나아갈 수 있습니다. 주 예수님은 하나님의 아들이심을 저는 진심으로 고백합니다. 죽음에서 부활하여 승천하시고 존귀와 영화로운 대제사장으로 하늘에 계신 주 예수님은 우리의 모든 연약함을 아십니다.

나는 선포합니다.

나는 하나님의 사랑받는 자녀입니다. 나는 두려움 없이 의심 없이 믿음으로 하나님께 나아갑니다. 하나님은 저를 긍휼히 여겨 넘치는 은혜와 축복으로 저를 도와주십니다.

나는 선포합니다!

그리스도 안에서 나의 신분은 고귀합니다. 나는 하나님의 보호로 안전합니다. 나는 시험에서 승리하여 생명을 얻은 사람입니다. 나의 형상은 주님을 닮아 회복되었기에 정말로 아름답고 멋진 존귀한 인생을 살 수 있습니다.

예수님의 이름으로 기도합니다, 아멘

주님은 유일한 분

주님으로 인하여 세상은 더욱 더 아름다워집니다.

주님을 닮은 자는 없습니다.

하나님의 눈에 주님은 보배로운 분입니다.

이 세상에서 주님은 유일한 자입니다.

오, 주님은 아주 특별한 분입니다.

하나님 눈 안에 아무도 주님을 대신하는 분이 없습니다.

오, 주님은 아주 특별한 분입니다.

하나님 눈 안에 아무도 주님을 대신하는 분이 없습니다.

제4장

31일간 선포 기도

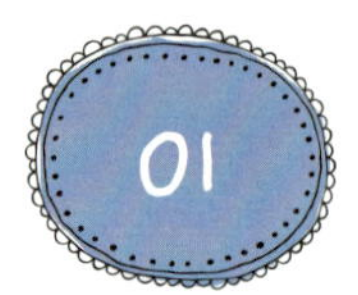

찬송하리로다 하나님 곧 우리 주 예수 그리스도의 아버지께서 그리스도 안에서 하늘에 속한 모든 신령한 복을 우리에게 주시되 곧 창세전에 그리스도 안에서 우리를 택하사 우리로 사랑 안에서 그 앞에 거룩하고 흠이 없게 하시려고 그 기쁘신 뜻대로 우리를 예정하사 예수 그리스도로 말미암아 자기의 아들들이 되게 하셨으니 이는 그가 사랑하시는 자 안에서 우리에게 거저 주시는 바 그의 은혜의 영광을 찬송하게 하려는 것이라 우리는 그리스도 안에서 그의 은혜의 풍성함을 따라 그의 피로 말미암아 속량 곧 죄 사함을 받았느니라. (에베소서 1:3~7)

사랑하는 (   )에게 예수님의 이름으로 선포합니다.

당신은 하나님의 선택을 받은 자입니다.

당신의 존재는 우연히 생긴 것이 아니라 하나님이 세상 창조 이전에 이미 당신을 선택하시고 계획하셨습니다. 하나님께서 모든 영적 축복을 당신에게 이미 주셨습니다. 하나님께서는 당신을 존귀하게 보시고 허물없는 자로 보십니다. 하나님께서는 당신을 사랑하는 자녀라고 부르십니다.

당신은 하나님께서 사랑하는 자입니다.

당신은 하나님께서 기뻐하는 자입니다. 당신은 이미 구속받았고 주님이 모든 죄를 이미 사하여 주셨습니다.

당신은 예수 그리스도 안에 있기에 하나님께서 당신에게 영화로운 은혜를 풍성하게 주셨습니다.

당신은 그리스도 안에서 하나님 마음에 합한 자입니다.

당신은 아주 가치 있는 사람입니다.

이 모든 축복이 당신에게 임하길 예수님 이름으로 기도합니다.

온갖 좋은 은사와 온전한 선물이 다 위로부터 빛들의 아버지께로부터 내려오나니 그는 변함도 없으시고 회전하는 그림자도 없으시니라. (야고보서 1:17)

네 생명을 파멸에서 속량하시고 인자와 긍휼로 관을 씌우시며. (시편 103:4~5)

오직 성령의 열매는 사랑과 희락과 화평과 오래 참음과 자비와 양선과 충성과 (갈라디아서 5:22)

사랑하는 (   )에게 예수님의 이름으로 선포합니다.

하나님께서는 약속하신 온갖 좋은 은사와 온전한 선물을 다 당신에게 상급으로 주십니다.

하나님은 당신의 모든 필요를 풍성하게 채우십니다. 넘치는 사랑으로 당신의 마음을 채우십니다. 하나님께서는 인자와 긍휼로

(   )에게 면류관을 씌어 주시고 당신의 생명을 사랑과 희락과 화평 그리고 오래 참음과 자비, 양선, 온유와 절제로 충만하게 채워주십니다.

당신은 하나님의 자녀로 열매 맺는 귀한 나무가 되며, 이 세상에서 하나님을 간증하는 사람이 되며, 천국을 나타내는 자가 되어 하나님의 영광을 나타냅니다.

당신은 존귀한 자이며 복이 넘치는 인생을 살게 됩니다. 당신은 하나님의 영화로운 인생을 누릴 수 있습니다. 당신은 이 세상에서 찬란하게 살 수 있습니다.

이 모든 축복이 당신에게 임하길 예수님 이름으로 기도합니다.

여호와가 너를 항상 인도하여 메마른 곳에서도 네 영혼을 만족하게 하며 네 뼈를 견고하게 하리니 너는 물 댄 동산 같겠고 물이 끊어지지 아니하는 샘 같을 것이라. (이사야 58:11)

주께서 생명의 길을 내게 보이시리니 주의 앞에는 충만한 기쁨이 있고 주의 오른쪽에는 영원한 즐거움이 있나이다. (시편 16:11)

야베스가 이스라엘 하나님께 아뢰어 이르되 주께서 내게 복을 주시려거든 나의 지역을 넓히시고 주의 손으로 나를 도우사 나로 환난을 벗어나 내게 근심이 없게 하옵소서 하였더니 하나님이 그가 구하는 것을 허락하셨더라. (역대상 4:10)

여호와께서는 당신을 항상 좋은 길로 인도하시고 당신의 마음을 만족하게 하시며 당신의 뼈를 견고하게 하십니다. 당신의 삶은 물댄 동산 같이 윤택하고 비옥하며 솟아나는 샘물같이 끊어지지 않는 축복이 임합니다.

하나님께서 당신을 축복하시며 당신의 지경을 넓혀 주십니다. 하나님께서 언제나 당신과 함께 하십니다.

하나님께서는 당신을 환난과 고난 가운데서 지켜주십니다.

당신의 영혼을 풍성하게 하시고 또한 몸이 건강하게 하시는 주님이십니다. 당신이 하는 모든 일은 주님의 인도하심으로 형통하게 됩니다.

당신은 하나님 앞에 설 때 기쁨과 만족이 있고 영원한 복락이 있습니다. 하나님께서 생명의 길로 당신을 인도해 주십니다. 이 모든 축복이 당신에게 임하길 예수님 이름으로 기도합니다.

네가 네 하나님 여호와의 말씀을 삼가 듣고 내가 오늘 네게 명령하는 그의 모든 명령을 지켜 행하면 네 하나님 여호와께서 너를 세계 모든 민족 위에 뛰어나게 하실 것이라 네가 네 하나님 여호와의 말씀을 청종하면 이 모든 복이 네게 임하며 네게 이르리니 (신명기 28:1~2)

온갖 좋은 은사와 온전한 선물이 다 위로부터 빛들의 아버지께로부터

내려오나니 그는 변함도 없으시고 회전하는 그림자도 없으시니라 (야고보서 1:17)

사랑하는 (　　　　　)에게 예수님의 이름으로 선포합니다.

하나님을 경외하고 하나님의 말씀에 순종하는 사람이 된다면 하나님께서 당신을 축복할 것입니다. 당신을 모든 민족위에 뛰어나게 하심으로 모두의 머리 위에 주님이 세우실 것입니다.

그리스도 안에 있기에 당신은 하나님께서 기뻐하는 자입니다. 하나님께서는 당신에게 무한한 은혜를 베풀어 주시고 초자연적인 축복을 통해서라도 복을 주실 것입니다.

하나님께서는 당신 안에 있는 무한한 잠재력을 다 발휘할 수 있도록 깨닫게 해주실 것이기에 당신은 기적을 경험하게 되고 다양한 영역에서 생각지도 못한 재능을 발견하게 될 것입니다.

많은 사람들이 당신을 볼 때 감탄하며 주님을 보게 될 것입니다.

당신의 모든 꿈은 다 이루어질 것입니다.

이 모든 축복이 당신에게 임하길 예수님 이름으로 기도합니다.

오직 여호와의 율법을 즐거워하여 그의 율법을 주야로 묵상하는도다. 그는 시냇가에 심은 나무가 철을 따라 열매를 맺으며 그 잎사귀가 마르지

아니함 같으니 그가 하는 모든 일이 다 형통하리로다. (시편 1:2~3)

좋은 땅에 뿌려졌다는 것은 말씀을 듣고 깨닫는 자니 결실하여 어떤 것은 백 배, 어떤 것은 육십 배, 어떤 것은 삼십 배가 되느니라 하시더라. (마태복음 13:23)

사랑하는 (　　　　　)에게 예수님의 이름으로 선포합니다.

하나님의 말씀은 생명의 씨앗과 같습니다. 당신이 하나님의 말씀을 받아들일 때 당신은 백배의 결실을 얻게 됩니다. 당신은 하나님의 말씀을 사랑하고 갈망해야 합니다. 그럴 때 당신의 인생은 시냇가에 심은 나무 같이 잎사귀가 푸르고 무성하며 열매가 풍성하게 열립니다.

당신의 인생은 하나님의 은혜와 축복이,마음에는 기쁨과 평안이 충만할 것입니다. 당신의 얼굴은 무한한 광채로 빛날 것입니다.

당신의 몸에는 활력이 충만하며 하나님과 사람에 대한 열정이 충만할 것입니다. 당신의 삶에 열린 생명의 과실을 다른 사람에게 나누어 줄 것입니다.

당신은 가족과 이웃들의 축복입니다. 당신은 많은 사람들을 격려해주고 그들의 인생을 변화시키는 원동력이 됩니다.

당신은 아주 영향력 있는 사람이 될 것입니다.

이 모든 축복이 당신에게 임하길 예수님 이름으로 기도합니다.

옛적에 여호와께서 나에게 나타나사 내가 영원한 사랑으로 너를 사랑하기에 인자함으로 너를 이끌었다 하였노라 (예레미야 31:3)

내가 사람의 줄 곧 사랑의 줄로 그들을 이끌었고 그들에게 대하여 그 목에서 멍에를 벗기는 자 같이 되었으며 그들 앞에 먹을 것을 두었노라 (호세야 11:4)

그가 너를 그의 깃으로 덮으시리니 네가 그의 날개 아래에 피하리로다 그의 진실함은 방패와 손 방패가 되시나니 (시편 91:4)

화가 네게 미치지 못하며 재앙이 네 장막에 가까이 오지 못하리니 그가 너를 위하여 그의 천사들을 명령하사 네 모든 길에서 너를 지키게 하심이라 (시편 91:10~11)

사랑하는 (   )에게 예수님 이름으로 선포합니다.

하나님께서는 당신을 사랑의 끈으로 이끌고 계십니다. 하나님은 영원토록 변함없이 당신을 사랑하십니다. 인자한 주님은 은혜의 손으로 당신을 도와주십니다.

당신이 하나님을 가까이 할 때 하나님께서도 당신을 가까이 하십니다. 당신이 하나님께 구할 때 하나님께서 응답해 주십니다.

하나님 아버지께서 당신을 도와주십니다. 그분은 당신이 의지할 유일한 대상이며 환난 가운데 잡아 주시는 능력의 손이십니다. 하늘에 계신 아버지께서 당신을 날개 깃털로 덮어주시고 보호해 주십니다.

당신이 행한 모든 일을 하나님께서 보호해 주시며 당신으로 하여금 모든 일이 다 형통하고 번성하게 주님이 은혜를 베풀어 주실 것입니다.

이 모든 축복이 당신에게 임하길 예수님 이름으로 기도합니다.

그러므로 내가 너희에게 이르노니 목숨을 위하여 무엇을 먹을까 무엇을 마실까 몸을 위하여 무엇을 입을까 염려하지 말라 목숨이 음식보다 중하지 아니하며 몸이 의복보다 중하지 아니하냐 (마태복음 6:25)

그런즉 너희는 먼저 그의 나라와 그의 의를 구하라 그리하면 이 모든 것을 너희에게 더하시리라 (마태복음 6:33)

나의 하나님이 그리스도 예수 안에서 영광 가운데 그 풍성한 대로 너희 모든 쓸 것을 채우시리라 (빌립보서 4:19)

사랑하는 (　　　　　　)에게 예수님의 이름으로 선포합니다.

당신은 목숨을 위해서, 또는 생활을 위해서 염려할 필요가 없습니다. 주 예수님께서 당신을 보고 계십니다.

예수님께서는 말씀하십니다.

"공중에 있는 새들과 들에 있는 백합꽃을 보아라 너는 공중에 있는 새들보다 더 존귀하다"

하나님께서는 "내일을 위해서 걱정하지 말라 먼저 하나님의 나라와 의를 구하며 너의 모든 필요한 것들을 하늘에 계신 아버지께서 다 공급해 주신다"라고 분명히 말씀하셨습니다.

당신은 주님의 말씀을 듣고 모든 염려를 모두 주님께 맡겨야 합니다. 하늘에 계신 아버지께서는 당신을 잘 알고 계시며 모든 것을 이해하고 계십니다. 주님은 당신을 보배롭게 여기십니다. 하나님은 당신의 모든 필요를 채우심으로 하나님의 영광을 누리게 하기를 원하십니다.

이 모든 축복이 당신에게 임하길 예수님 이름으로 기도합니다.

대저 여호와는 지혜를 주시며 지식과 명철을 그 입에서 내심이며 (잠언 2:6)

집은 지혜로 말미암아 건축되고 명철로 말미암아 견고하게 되며 또 방들은 지식으로 말미암아 각종 귀하고 아름다운 보배로 채우게 되느니라 지혜 있는 자는 강하고 지식 있는 자는 힘을 더하나니 (잠언 24:3~5)

주의 말씀은 내 발에 등이요 내 길에 빛이니이다 (시편 119:105)

당신은 주야로 하나님 말씀을 묵상해야 합니다. 당신은 하나님의 말씀을 갈망해야 합니다. 하나님의 말씀이 당신이 세상에서 느낄 수 있는 가장 귀한 기쁨과 즐거움입니다. 하나님의 말씀은 당신을 영원히 만족시켜줄 것입니다. 하나님의 말씀은 우리 발에 등이요 우리 길에 빛이 되어주십니다.

하나님의 말씀은 당신을 지혜롭게 하며 지식과 총명을 주십니다. 잠언 말씀에 "지혜로운 자는 큰 능력이 있고 지식이 있는 자는 힘에 힘을 더 할 것이다"라는 구절이 있습니다. 이 말씀처럼 집은 지혜로 만들 것이고 총명으로 굳게 서며 지식으로 말미암아 모든 아름다운 귀중한 재물로 충만할 것입니다.

당신이 하나님의 말씀을 늘 생각하며 따르려고 한다면 당신의 모든 일이 다 형통하게 될 것입니다. 하나님의 말씀을 생각할 때 당신은 풍성한 생명을 얻습니다. 당신은 주님의 향기를 풍기는 귀한 삶으로 사용됩니다.

이 모든 축복이 당신에게 임하길 예수님 이름으로 기도합니다.

여호와께서 그를 황무지에서, 짐승이 부르짖는 광야에서 만나시고 호위하시며 보호하시며 자기의 눈동자 같이 지키셨도다. 마치 독수리가 자기의 보금자리를 어지럽게 하며 자기의 새끼 위에 너풀거리며 그의 날개를 펴서

새끼를 받으며 그의 날개 위에 그것을 업는 것 같이 (신명기 32:10~11)

오직 여호와를 앙망하는 자는 새 힘을 얻으리니 독수리가 날개 치며 올라감 같을 것이요 달음박질하여도 곤비하지 아니하겠고 걸어가도 피곤하지 아니하리로다. (이사야 40:31)

사랑하는 (   )에게 예수님의 이름으로 선포합니다.

당신은 그리스도에게 속한 자입니다. 하나님 아버지께서는 당신을 지켜주시고 눈동자 같이 당신을 보호해 주실 것입니다. 살아가는 동안 순탄할 때도 있고 힘들 때도 있습니다. 그러나 어느 때든지 두려워하지 말고 하나님께서 주신 능력으로 담대하게 이겨낼 수 있습니다. 나 홀로 버려져 있다고 느낄 때에도 주님은 내 옆에 계십니다. 영원히 당신을 떠나지 않으십니다. 하나님은 당신을 안아주시고, 뒤를 지켜 주시며 품에 안고 두 날개로 보호해 주신다고 이미 약속하셨습니다.

하나님께서는 당신의 생명을 새롭게 하시며 힘을 주시고 쳐진 고개를 들게 해주십니다.

당신의 생명은 독수리 날개처럼 당당히 올라갈 것입니다.

이 모든 축복이 당신에게 임하길 예수님 이름으로 기도합니다.

여호와는 나의 목자시니 내게 부족함이 없으리로다. 그가 나를 푸른 풀밭에 누이시며 쉴 만한 물 가로 인도하시는도다. 내 영혼을 소생시키시고 자기 이름을 위하여 의의 길로 인도하시는도다. 내가 사망의 음침한 골짜기로 다닐지라도 해를 두려워하지 않을 것은 주께서 나와 함께 하심이라 주의 지팡이와 막대기가 나를 안위하시나이다. 주께서 내 원수의 목전에서 내게 상을 차려 주시고 기름을 내 머리에 부으셨으니 내 잔이 넘치나이다. 내 평생에 선하심과 인자하심이 반드시 나를 따르리니 내가 여호와의 집에 영원히 살리로다 (시편 23:1~6)

사랑하는 (   )에게 예수님의 이름으로 선포합니다.

여호와 하나님이 당신의 목자가 되신다면 궁핍하지 않을 것이며 영육의 영원한 안식을 얻게 됩니다.

하나님은 당신의 영혼을 깨우쳐 주실 것이고 바른 길로 인도해 주십니다. 당신이 죽음의 골짜기로 지나간다 해도 해를 두려워하지 않아도 되는 것은 하나님께서 당신과 함께 하시기 때문입니다. 그분은 당신을 위로해 주시고 보호해 주십니다.

하나님께서는 원수의 목전에서 잔치를 베풀어 주실 것입니다. 그 분은 당신의 머리에 기름을 부어 주실 것이며 당신의 잔이 복으로 넘쳐흐르게 해주시고 평생 동안 하나님의 은혜와 인자하심이 당신을 따를 것입니다.

하늘에 계신 아버지께서 당신을 지켜줄 것이고 필요를 넘치도록 채우십니다. 하늘에 계신 아버지께서 당신을 인도하고 위로하며 반드시 당신과 함께 하십니다. 당신을 존귀하고 영화롭게 여기시고 안전하게 지켜 주시는 하나님 아버지이심을 믿으십시오. 당신은 하나님께서 사랑하시는 자, 하나님 아버지의 보배입니다.

이 모든 축복이 당신에게 임하길 예수님 이름으로 기도합니다.

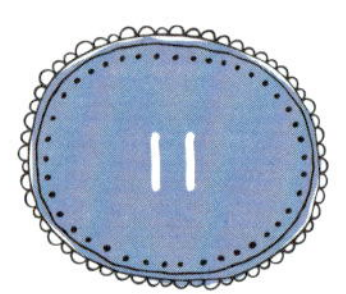

내가 산을 향하여 눈을 들리라 나의 도움이 어디서 올까 나의 도움은 천지를 지으신 여호와에게서로다. 여호와께서 너를 실족하지 아니하게 하시며 너를 지키시는 이가 졸지 아니하시리로다. 이스라엘을 지키시는 이는 졸지도 아니하시고 주무시지도 아니하시리로다 여호와는 너를 지키시는 이시라 여호와께서 네 오른쪽에서 네 그늘이 되시나니 낮의 해가 너를 상하게 하지 아니하며 밤의 달도 너를 해치지 아니하리로다. 여호와께서 너를 지켜 모든 환난을 면하게 하시며 또 네 영혼을 지키시리로다. 여호와께서 너의 출입을 지금부터 영원까지 지키시리로다. (시편 121:1~8)

사랑하는 (   )에게 예수님의 이름으로 선포합니다.

힘이 들 때는 언제든 하늘을 바라보세요. 천지를 지으신 여호와께서 당신을 도우십니다. 하나님은 당신이 헛걸음하지 않게 하시고 당신을 보호해 주십니다. 당신의 우편에서 그늘이 되어 주시고 당신의 주변에서 항상 지켜주십니다. 하나님은 어두운 밤이나 낮이나 언제 어디서나 당신을 지켜보고 계시며 보호해 주십니다. 그 분은 모든 환난으로부터 당신의 생명을 보호하십니다.

지금부터 영원까지 당신이 나갈 때나 들어올 때나 여호와께서 당신을 보호해 주십니다.

하나님의 눈은 당신을 떠나지 않습니다.

당신의 믿음을 더욱 굳건히 하고 용감히 앞으로 전진 하세요. 천지를 지으신 전능하신 하나님이 산과 같이 듬직하게 당신이 의지할 힘이 되어주십니다.

이 모든 축복이 당신에게 임하길 예수님 이름으로 기도합니다.

너희 염려를 다 주께 맡기라 이는 그가 너희를 돌보심이라 (베드로전서 5:7)

또 여호와를 기뻐하라 그가 네 마음의 소원을 네게 이루어 주시리로다 네 길을 여호와께 맡기라 그를 의지하면 그가 이루시고 (시편 37:4~5)

산들이 떠나며 언덕들은 옮겨질지라도 나의 자비는 네게서 떠나지 아니하며 나의 화평의 언약은 흔들리지 아니하리라 너를 긍휼히 여기시는 여호와께서 말씀하셨느니라. (이사야 54:10)

당신은 모든 염려를 다 하나님께 맡기십시오. 하나님은 당신의 생각을 이미 알고 계시기에 모든 문제를 해결해 주십니다. 당신은 염려하지 말고 주님 안에서 다만 기뻐하기만 하면 됩니다. 당신이 하나님만으로 즐거워하면 하나님은 당신의 마음에 구하는 것을 다 이루어 주실 것입니다.

당신이 모든 일을 다 하나님께 맡기고 주님만을 의지 하면 하나님은 당신을 위하여 다 이루어 주십니다.

당신의 소망은 하나님께 있습니다. 당신은 하나님 앞에서 지극히 소중한 자이기에 그 분은 당신에 관한 모든 일을 약속의 말씀을 따라 다 이루어 주실 것입니다.

하나님께서 약속 하시기를 큰 산들이 옮겨지고 언덕이 무너질지라도 주님께서 당신에 대한 사랑은 떠나지 않는다고 하셨습니다.

주님의 사랑은 결단코 당신을 떠나지 않습니다.

이 모든 축복이 당신에게 임하길 예수님 이름으로 기도합니다.

여호와 하나님이 동방의 에덴에 동산을 창설하시고 그 지으신 사람을 거기 두시니라 여호와 하나님이 그 땅에서 보기에 아름답고 먹기에 좋은 나무가 나게 하시니 동산 가운데에는 생명나무와 선악을 알게 하는 나무

도 있더라. 강이 에덴에서 흘러 나와 동산을 적시고 거기서부터 갈라져 네 근원이 되었으니 첫째의 이름은 비손이라 금이 있는 하월라 온 땅을 둘렀으며 그 땅의 금은 순금이요 그 곳에는 베델리엄과 호마노도 있으며 (창세기 2:8~12)

사랑하는 (   )에게 예수님의 이름으로 선포합니다.

당신의 삶은 하나님이 만드신 에덴동산 같이 아름답고 풍성하며 다양한 열매로 충만하고 귀중한 보물이 넘칩니다. 금도 있고, 진주도 있으며 홍옥수도 있습니다.

당신의 삶에는 지혜와 총명함이 있으며 인자와 성실이 충만합니다. 당신의 생명은 다른 사람들과 비교할 수 없는 평안이 가득합니다. 당신 안에는 풍성한 하나님의 형상이 나타나고 있습니다. 당신은 이 모든 은사들을 나타내며 살아야 합니다. 생명수가 당신으로부터 흐를 것이며 당신의 인생을 더욱 아름답게 만들어 줍니다.

당신을 축복합니다. 당신은 다른 사람을 배려하는 세심한 마음이 있고 성령에 민감한 영혼이 있습니다. 당신은 하나님과 사람들 앞에서 많은 은총을 받을 것입니다.

하나님께서 당신을 축복하시길 원하십니다. 당신의 생명은 하나님의 풍요로움과 영화로움을 나타낼 것입니다.

이 모든 축복이 당신에게 임하길 예수님 이름으로 기도합니다.

보라 내가 새 일을 행하리니 이제 나타낼 것이라 너희가 그것을 알지 못하겠느냐 반드시 내가 광야에 길을 사막에 강을 내리니 (이사야 43:19)

믿음이 없이는 하나님을 기쁘시게 하지 못하나니 하나님께 나아가는 자는 반드시 그가 계신 것과 또한 그가 자기를 찾는 자들에게 상 주시는 이심을 믿어야 할지니라. (히브리서 11:6)

그러나 무릇 여호와를 의지하며 여호와를 의뢰하는 그 사람은 복을 받을 것이라 (예레미야 17:7)

슬프도소이다 주 여호와여 주께서 큰 능력과 펴신 팔로 천지를 지으셨사오니 주에게는 할 수 없는 일이 없으시니이다 (예레미야 32:17)

사랑하는 (   )에게 예수님의 이름으로 선포합니다.

주님은 당신이 광야에 있을 지라도 길을 열어주시고 사막에 있을 지라도 강을 내려주십니다. 당신은 오직 믿음만 있으면 됩니다. 하나님께서 당신을 위해 크고 놀라운 일을 이루어 주실 것입니다.

중요한 것은 당신이 하나님에 대한 믿음이 있는지 확인하는 것입니다. 하나님의 신실함을 믿고, 인자하심을 믿고, 하나님의 능력과 지혜를 믿어야 합니다.

하나님의 대한 믿음이 있어야 합니다. 믿음이 없이는 하나님을 기쁘시게 못하며, 믿음이 있는 자에게는 능치 못할 일이 없기 때문에 믿음만 있다면 모든 것을 승리하게 주님이 도우실 것입니다. 하나님께서는 믿음으로 구하는 자에게 상급을 주십니다.

당신이 절대로 잊지 않아야 되는 것은 하나님께는 능치 못할 일이 없고 큰 능력이 있으시며 인내로 나를 기다리시며 은혜 주기를 즐거워하시는 분이라는 사실입니다.

이 모든 축복이 당신에게 임하길 예수님 이름으로 기도합니다.

죽고 사는 것이 혀의 힘에 달렸나니 혀를 쓰기 좋아하는 자는 혀의 열매를 먹으리라 (잠언 18:21)

경우에 합당한 말은 아로새긴 은 쟁반에 금 사과니라 (잠언 25:11)

우리가 말들의 입에 재갈 물리는 것은 우리에게 순종하게 하려고 그 온몸을 제어하는 것이라 또 배를 보라 그렇게 크고 광풍에 밀려가는 것들을 지극히 작은 키로써 사공의 뜻대로 운행하나니 이와 같이 혀도 작은 지체로되 큰 것을 자랑하도다 보라 얼마나 작은 불이 얼마나 많은 나무를 태우는가 (야고보서 3:3~5)

사랑하는 (   )에게 예수님의 이름으로 선포합니다.
죽고 사는 것은 당신의 입술의 힘에 달려있습니다.

입술을 지혜롭게 사용하는 자는 입술의 열매를 먹습니다. 하나님께서는 이미 큰 권능을 당신에게 주셨습니다. 당신의 입안에서 나오는 모든 말이 능력을 가지고 있습니다. 당신의 말은 축복을 이룰수도 있고 생명을 죽일 수도 있습니다. 당신의 말은 말에게 물리는 재갈 같고 배의 키와 같이 인생의 방향에 영향을 미칩니다. 작은 혀가 큰 인생의 결과에 엄청난 영향을 미치는 것입니다.

그러므로 당신은 말을 할 때 늘 신중하게 생각한 뒤에 사용하십시오. 사랑에 지혜를 더한 말을 사용하게 된다면 은쟁반에 금사과가 있는 것 같이 아름답게 당신과 다른 사람들도 모두 축복을 받을 것입니다.

이 모든 축복이 당신에게 임하길 예수님 이름으로 기도합니다.

모든 지킬 만한 것 중에 더욱 네 마음을 지키라 생명의 근원이 이에서 남이니라 (잠언 4:23)

의인의 입은 생명의 샘이라도 악인의 입은 독을 머금었느니라 (잠언 10:11)

칼로 찌름 같이 함부로 말하는 자가 있거니와 지혜로운 자의 혀는 양약과 같으니라 (잠언 12:18)

사람은 입의 열매로 말미암아 복록에 족하며 그 손이 행하는 대로 자기가 받느니라 (잠언 12:14)

당신의 입술의 모든 말은 당신의 인격을 나타냅니다.

당신이 마음을 잘 지키면 모든 것을 다 지킬 수 있습니다. 당신은 좋은 생각을 하도록 많은 노력을 해야 합니다. 당신의 입술에 항상 다른 사람에게 용기를 주는 은혜로운 말이 충만하게 하십시오.

당신의 입술은 생명의 원천입니다. 당신의 입술이 열릴 때마다 지혜로운 말이 나온다면 생명의 지식이 충만한 것입니다. 당신의 입술은 당신의 영광이고 당신이 하는 말은 당신의 가치를 나타냅니다.

당신 입술의 모든 말은 사람을 치료하는 양약이며 다른 사람의 마음을 편안하게 하고 그 사람에게 위로를 얻게 합니다.

당신은 입술을 선하게 사용함으로 많은 생명의 과실을 맺으며, 아름다운 축복으로 행복이 가득한 곳으로 주변을 변화시킵니다.

이 모든 축복이 당신에게 임하길 예수님 이름으로 기도합니다.

내 사랑하는 형제들아 속지 말라 온갖 좋은 은사와 온전한 선물이 다 위로부터 빛들의 아버지께로부터 내려오나니 그는 변함도 없으시고 회전하는 그림자도 없으시니라 그가 그 피조물 중에 우리로 한 첫 열매가 되게 하시려고 자기의 뜻을 따라 진리의 말씀으로 우리를 낳으셨느니라 (야고보

서 1:16~18)

하나님이 우리를 구원하사 거룩하신 소명으로 부르심은 우리의 행위대로 하심이 아니요 오직 자기의 뜻과 영원 전부터 그리스도 예수 안에서 우리에게 주신 은혜대로 하심이라 (디모데후서 1:9)

사랑하는 (   )에게 예수님의 이름으로 선포합니다.

당신은 성경말씀을 시인해야 합니다.

성경에서 말하는 사람이 바로 나라는 것을 시인해야 합니다. 성경에서 말하는 그 사람이 바로 진정한 나입니다. 당신은 성경의 말씀대로 살 수 있는 사람입니다. 비록 다른 사람들이 당신을 색안경을 끼고 보거나, 편견을 가지고 불친절하게 대할 지라도 당신의 진정한 가치는 결코 변하지 않습니다.

당신은 하나님 눈 안에 있는 당신이 진정한 당신의 모습이라는 것을 기억해야 합니다. 당신의 가치는 하나님께서 결정하는 것입니다.

하나님께서 당신을 사랑하십니다. 하나님께서는 여러 가지 선하신 은혜와 여러 가지 상급으로 당신을 위하여 당신이 생명을 채우십니다. 하나님은 사랑하는 당신을 일으켜 세우시고 천국의 대변자로 만드십니다. 당신은 천국의 기쁨을 사람들에게 알리는 자입니다.

당신은 하나님 눈 안에서 존귀한 자, 영화로운 자, 사랑의 은총을 받은 자로 보입니다.

이 모든 축복이 당신에게 임하길 예수님 이름으로 기도합니다.

항상 기뻐하라 쉬지 말고 기도하라 범사에 감사하라 이것이 그리스도 예수 안에서 너희를 향하신 하나님의 뜻이니라 (데살로니가전서 5:16~18)

범사에 우리 주 예수 그리스도의 이름으로 항상 아버지 하나님께 감사하며 (에베소서 5:20)

감사로 하나님께 제사를 드리며 지존하신 이에게 네 서원을 갚으며 23. 감사로 제사를 드리는 자가 나를 영화롭게 하나니 그의 행위를 옳게 하는 자에게 내가 하나님의 구원을 보이리라 (시편 50:14)

사랑하는 (   )에게 예수님의 이름으로 선포합니다.

하나님께서 날마다 당신에게 눈부신 태양과 맑은 공기 그리고 생활에 필요한 모든 것을 주시는 것을 감사하십시오.

당신에게 좋은 생각을 주시고 아름다운 감정으로 세상을 말할 수 있게 하시는 주님께도 감사하십시오. 당신에게 기쁨의 웃음과 슬픔의 눈물로 감정을 표현하게 하심에 감사해야 합니다. 당신 마음에 사랑이 충만하여 다른 사람을 사랑할 수 있다는 사실에 감사해야 합니다.

당신은 서로 마음을 위로하고 권면할 수 있는 친구로 인해 주님께 감사해야 합니다. 사랑하는 하나님께 감사할 일이 얼마나 많은지 생각해 보십시오.

당신은 배울 수 있는 능력을 주신 주님께 감사해야 합니다. 당신은 계속 새롭게 변화하고, 건강하게 성장하며, 계속적으로 높은 곳으로 인도하시는 주님께 감사해야 합니다.

이 모든 축복이 당신에게 임하길 예수님 이름으로 기도합니다.

이것들이 아침마다 새로우니 주의 성실하심이 크시도소이다 내 심령에 이르기를 여호와는 나의 기업이시니 그러므로 내가 그를 바라리라 하도다 기다리는 자들에게나 구하는 영혼들에게 여호와는 선하시도다 (예레미야애가 3:23~25)

그 때에 예수께서 대답하여 이르시되 천지의 주재이신 아버지여 이것을 지혜롭고 슬기 있는 자들에게는 숨기시고 어린 아이들에게는 나타내심을 감사하나이다. (마태복음 11:25)

사랑하는 (　　　　　)에게 예수님의 이름으로 선포합니다.

매일 새로운 아침을 맞는 것도 주님의 은혜입니다.

하나님께서 당신에게 매일 새로운 아침에 새로운 은혜와 힘을 주십니다. 하나님의 말씀에는 풍성한 은혜와 측량할 수 없는 지혜와 총명이 있습니다. 신실하신 하나님이 매일 당신에게 은혜를 허락하고 계십니다.

당신은 순진한 어린아이의 마음처럼 매일 생활을 기쁨 가운데 맞으며 하나님을 의지해야 합니다. 그러면 당신은 매일 새로운 많은 기적을 경험하며 주님의 은혜에 감격할 것이며, 열정이 충만하고 행복함으로 가득한 삶을 살게 될 것입니다.

당신은 계속적으로 하나님을 믿고 의지해야만 하나님의 놀라운 역사를 경험할 수 있습니다.

당신은 나이가 들어도 어린아이와 같이 순진한 마음을 지켜야 합니다. 어린아이와 같이 순진한 마음이 하나님이 주시는 풍성한 은혜를 받는 비결입니다. 순수한 마음으로 주님을 믿고 따르는 것은 하나님의 눈에 아주 중요한 것입니다.

이 모든 축복이 당신에게 임하길 예수님 이름으로 기도합니다.

주께서 내가 앉고 일어섬을 아시고 멀리서도 나의 생각을 밝히 아시오며 나의 모든 길과 내가 눕는 것을 살펴보셨으므로 나의 모든 행위를 익히 아시오니 여호와여 내 혀의 말을 알지 못하시는 것이 하나도 없으시니이다. 주께서 나의 앞뒤를 둘러싸시고 내게 안수하셨나이다. 이 지식이 내게 너무 기이하니 높아서 내가 능히 미치지 못하나이다 (시편 139:2~6)

나의 유리함을 주께서 계수하셨사오니 나의 눈물을 주의 병에 담으소서

이것이 주의 책에 기록되지 아니하였나이까 (시편 56:8)

내가 너를 내 손바닥에 새겼고 너의 성벽이 항상 내 앞에 있나니 (이사야 49:16)

사랑하는 (   )에게 예수님의 이름으로 선포합니다.

당신은 하나님이 보시기에 매우 소중한 존재입니다.

하나님께서는 당신이 걸을 때나 누울 때나, 앉을 때나 설 때나 모든 것을 다 알고 계십니다. 당신의 모든 생각과 소망, 그리고 당신의 꿈과 기호까지도 하나님은 다 아십니다. 하나님께서는 인자한 사랑으로 당신을 영접하기를 바라십니다. 하나님께서는 당신의 눈물까지도 한 알의 진주알처럼 소중히 보관하십니다.

당신은 하나님의 소중한 보배입니다. 당신은 하나님의 마음에 소중한 사람입니다. 당신은 하나님의 품안에 안겨 있기를 간구하십시오. 주님은 당신의 이름을 손바닥에 새겨 놓고 하나님의 능력의 손으로 보호해 주시고 은혜의 손으로 인도해 주십니다.

당신은 하나님의 마음 안에 아주 귀중하고 가치 있는 사람입니다!

이 모든 축복이 당신에게 임하길 예수님 이름으로 기도합니다.

주께 힘을 얻고 그 마음에 시온의 대로가 있는 자는 복이 있나이다 그들이 눈물 골짜기로 지나갈 때에 그 곳에 많은 샘이 있을 것이며 이른 비가 복을 채워 주나이다 (시편 84:5~6)

시험을 참는 자는 복이 있나니 이는 시련을 견디어 낸 자가 주께서 자기를 사랑하는 자들에게 약속하신 생명의 면류관을 얻을 것이기 때문이라 (야고보서 1:12)

사랑하는 (   )에게 예수님의 이름으로 선포합니다.

주님은 당신을 위하여 인생을 가로 막고 있는 산과 같은 문제들도 옮겨주시며 손톱 끝의 가시처럼 신경 쓰이는 일들도 제거해 주십니다.

당신의 괴로운 마음과 애통하는 심령을 주님은 치료하실 수 있습니다. 주님께서는 당신의 상처 입은 곳을 기름을 부어 치료해주십니다.

주님께서는 환란을 피하고 고통을 겪지 않도록 길을 인도해 주실 수도 있습니다. 주님에게는 당신이 용기가 필요한 상황에서 다시 일어설 수 있게 하는 능력이 있습니다. 주님께서는 당신이 필요로 하는 인자함과 은혜를 줄 것입니다.

주 예수님은 당신의 가장 친한 친구이자 전능하신 하나님이십니다. 주님 안에선 능치 못할 일이 없습니다. 주님은 모든 악한 것을 선한 것으로 바꾸십니다. 저주를 축복으로, 애통함을 기쁨으로, 눈물의 골짜기를 샘물이 나는 오아시스로 변화시키실 수 있습니다.

하나님께서는 당신에게 은혜에 은혜를 더해 주실 것이고 능력에 능력을 더해 주실 것입니다. 복에 복을 더해 주시고 기쁨에 더 기쁨을 더하실 것입니다. 하나님께서는 지금 바로 당신에게 온전한 생명의 면류관을 주시길 기다리고 계십니다.

이 모든 축복이 당신에게 임하길 예수님 이름으로 기도합니다.

대저 그 마음의 생각이 어떠하면 그 위인도 그러한즉 그가 네게 먹고 마시라 할지라도 그의 마음은 너와 함께 하지 아니함이라 (잠언 23:7)

주 안에서 항상 기뻐하라 내가 다시 말하노니 기뻐하라 (빌립보서 4:4)

끝으로 형제들아 무엇에든지 참되며 무엇에든지 경건하며 무엇에든지 옳으며 무엇에든지 정결하며 무엇에든지 사랑 받을 마하며 무엇에든지 칭찬 받을 만하며 무슨 덕이 있든지 무슨 기림이 있든지 이것들을 생각하라 (빌립보서 4:8)

당신이 생각한 그대로 당신의 모습이 되어가기 때문에 모든 생각을 신중하게 해야 합니다. 될 수 있으면 기분을 좋게 하는 일들과 하나님께 영광이 되는 일을 생각하십시오.

아름답고, 영광스럽고, 의미 있고, 정직하며, 세상을 더 밝게 하는 생각만 하기에도 시간이 많지 않습니다. 이런 생각들로 당신의 삶을 가득 채울 때 하나님의 손길이 기적의 가운데로 당신을 인도하실 것입니다.

당신의 힘으로 모든 상황 가운데 기쁨을 선택함으로 충만하게 하십시오. 입가에서는 미소가 떠나지 않게 하십니다.

당신은 빛나는 태양입니다. 당신은 하나님의 마음을 아는 선한 자입니다. 당신은 낙관적이며 자유롭고 믿음이 충만하며, 많은 사람에게 기쁨을 주는 자입니다.

당신은 상대방을 귀중히 여기며, 다른 사람의 장점을 볼 수 있는 사람입니다. 당신은 고귀한 인격을 나타내며, 다른 사람들로부터 칭찬받는 사람입니다.

이 모든 축복이 당신에게 임하길 예수님 이름으로 기도합니다.

그런즉 누구든지 그리스도 안에 있으면 새로운 피조물이라 이전 것은 지나갔으니 보라 새 것이 되었도다 (고린도후서 5:17)

진리가 예수 안에 있는 것 같이 너희가 참으로 그에게서 듣고 또한 그 안에서 가르침을 받았을진대

너희는 유혹의 욕심을 따라 썩어져 가는 구습을 따르는 옛 사람을 벗어 버리고 오직 너희의 심령이 새롭게 되어 하나님을 따라 의와 진리의 거룩함으로 지으심을 받은 새 사람을 입으라(에베소서 4:21~24)

사랑하는 (   )에게 예수님의 이름으로 선포합니다.

예수님은 "누구든지 주 안에 있으면 새로운 피조물이라, 이전 일은 다 지나갔으니 보라 새것이 되었도다"라고 말씀하셨습니다.

당신이 이제까지 어떻게 살았든지 주님을 믿음으로 새롭게 될 수 있다는 것은 하나님께서 베푸시는 놀라운 은혜입니다. 하나님은 당신이 새로운 피조물이 되었으면 새로운 신분과 지위를 얻게 되었다고 말씀하셨습니다. 이제 당신에게는 새로운 생명이 있고 새로운 형상이 되었습니다. 당신은 완전히 새로운 창조물이 되었습니다.

당신에게는 하나님의 성품이 있습니다. 한계를 모르는 생각과 선한 양심, 창의력과 함께 뛰어난 관리능력이 당신에게는 있습니다. 강력한 의지력과 적극적인 영향력으로 새로운 삶을 살게 될 것입니다.

하나님은 당신을 통해 하나님의 형상과 모양이 완전히 나타나게 하실 것입니다.

당신은 아주 영화롭고 존귀한 자입니다. 당신은 하나님의 완전

히 새로운 창조물입니다.

이 모든 축복이 당신에게 임하길 예수님 이름으로 기도합니다.

곧 창세전에 그리스도 안에서 우리를 택하사 우리로 사랑 안에서 그 앞에 거룩하고 흠이 없게 하시려고 (에베소서 1:4)

우리는 그리스도 안에서 그의 은혜의 풍성함을 따라 그의 피로 말미암아 속량 곧 죄 사함을 받았느니라 이는 그가 모든 지혜와 총명을 우리에게 넘치게 하사 (에베소서 1:7~8)

사랑하는 (　　　　　　)에게 예수님의 이름으로 선포합니다.

주님께서는 "누구든지 주 안에 있으면 새로운 피조물"이라고 하셨습니다. 주님을 믿기 이전 일은 다 지나갔기에 이전에 실패를 수도 없이 했을 지라도 이제 모든 것은 다 지나갔습니다. 과거에 잘못된 죄악들, 실수했던 말들, 해선 안 될 행동들, 부적절한 인간관계들... 하나님께 실수했던 일들과 사람에게 실수했던 일들, 혹은 내 자신에게 실수했던 일들, 의식적으로, 무의식적으로 했던 모든 잘못들은 이제 다 지나갔습니다.

당신은 하나님의 풍성한 은혜 가운데 있습니다. 당신의 모든 죄는 이미 다 사함을 받았습니다. 주님은 당신이 그동안 잘못한 모든 것을 영원히 기억하지 않겠다고 하셨습니다. 하나님께서는 이제 당신을 그리스도 안에서 성결하고 흠이 없는 자로 보십니다.

당신은 하나님께서 받아 주신 자입니다. 하나님의 은혜로 이 모든 것이 가능합니다.

이 모든 축복이 당신에게 임하길 예수님 이름으로 기도합니다.

오직 은밀한 가운데 있는 하나님의 지혜를 말하는 것으로서 곧 감추어 졌던 것인데 하나님이 우리의 영광을 위하여 만세 전에 미리 정하신 것이라 기록된 바 하나님이 자기를 사랑하는 자들을 위하여 예비하신 모든 것은 눈으로 보지 못하고 귀로 듣지 못하고 사람의 마음으로 생각하지도 못하였다 함과 같으니라 (고린도전서 2:7,9)

우리 주 예수 그리스도의 아버지 하나님을 찬송하리로다 그의 많으신 긍휼대로 예수 그리스도를 죽은 자 가운데서 부활하게 하심으로 말미암아 우리를 거듭나게 하사 산 소망이 있게 하시며 썩지 않고 더럽지 않고 쇠하지 아니하는 유업을 잇게 하시나니 곧 너희를 위하여 하늘에 간직하신 것이라 (베드로전서 1:3~4)

당신은 하나님의 사랑받는 자녀입니다. 이 땅에서 부르심을 받은 당신은 하나님의 나라를 유업으로 받을 사람입니다. 하나님이 당신을 위해 하늘나라에 예비하신 기업은 썩지도 않고 흠도 없으며 소멸하지도 않습니다.

하나님이 예비하신 기업은 당신이 본 적도 없고, 들은 적도 없는, 생각을 완전히 뛰어넘는 귀한 것입니다. 당신을 위해 하나님은 이 귀한 선물을 준비하셨습니다.

당신은 예수님을 사랑해야 합니다. 하나님은 당신을 위해 모든 일을 계획하시고 모든 것을 협력하여 선을 이루시며 기다리고 계십니다. 이런 예수님을 더욱 사랑해야 하지 않겠습니까? 하나님은 당신에게 비교도 할 수 없는 영화로운 은혜를 주십니다.

이 모든 것은 하나님의 은혜와 주 예수님의 큰 사랑으로 가능합니다. 당신은 감사하는 마음으로 믿음으로 받기만 하면 됩니다.

하나님께 나아가고 예수님을 더욱 사랑한다면 당신 안에 있는 생명이 모두 회복될 것입니다. 매일 조금씩 예수님의 모습을 닮아가며, 하나님의 형상을 나타내는 삶이 될 것입니다.

이 모든 축복이 당신에게 임하길 예수님 이름으로 기도합니다.

그러므로 형제들아 더욱 힘써 너희 부르심과 택하심을 굳게 하라 너희
가 이것을 행한즉 언제든지 실족하지 아니하리라 이같이 하면 우리 주 곧
구주 예수 그리스도의 영원한 나라에 들어감을 넉넉히 너희에게 주시리라
(베드로후서 1:10~11)

형제들아 나는 아직 내가 잡은 줄로 여기지 아니하고 오직 한 일 즉 뒤
에 있는 것은 잊어버리고 앞에 있는 것을 잡으려고 푯대를 향하여 그리스
도 예수 안에서 하나님이 위에서 부르신 부름의 상을 위하여 달려가노라
(빌립보서 3:13~14)

사랑하는 (   )에게 예수님의 이름으로 선포합니다.

목적지 없는 항해는 의미가 없듯이 당신도 인생의 목표를 정
하고 그 푯대를 향해 전력질주 해야 합니다. 그러나 그 목표는 세
상의 안녕에서 끝나는 것이 아니라 영원히 가치 있는 목표여야
합니다

더 나은 직장, 더 나은 환경이 아니라 하나님을 위한 일이면서
영적인 성장을 추구하는 목표를 먼저 추구하십시오.

당신의 시간과 물질 그리고 재능, 하나님이 주신 모든 것을 하
나님을 위해 투자하십시오. 시간 역시 하나님이 주신 것입니다.
당신은 매일 하루를 최선을 다해야 합니다. 짧은 인생이지만 영

원을 위한 준비의 시간이기도 합니다. 잠시 있다가 사라지는 나그네 인생을 영원히 썩지 않는 하늘나라를 위해 사용하십시오.

지금의 시간을 영원한 기업을 바라는 마음으로 운영하면 풍요로운 하늘나라로 들어갈 것입니다.

당신은 하나님께서 부르셨습니다. 하나님의 부르심과 선택은 확고하여 요동하지 않는다는 것을 기억하십시오.

이 모든 축복이 당신에게 임하길 예수님 이름으로 기도합니다.

무릇 하나님께로부터 난 자마다 세상을 이기느니라 세상을 이기는 승리는 이것이니 우리의 믿음이니라 (요한일서 5:4)

이는 너희 믿음의 시련이 인내를 만들어 내는 줄 너희가 앎이라 인내를 온전히 이루라 이는 너희로 온전하고 구비하여 조금도 부족함이 없게 하려 함이라 (야고보서 1:3~4)

너희 믿음의 확실함은 불로 연단하여도 없어질 금보다 더 귀하여 예수 그리스도께서 나타나실 때에 칭찬과 영광과 존귀를 얻게 할 것이니라 (베드로전서 1:7)

당신은 하나님을 향한 믿음이 있는 사람입니다. 성령으로 거듭난 자는 세상을 이길 수 있다는 것을 하나님은 약속하셨고, 우리는 이것을 믿습니다.

당신은 어떠한 역경이나 큰 문제를 만날지라도 당신 안에 믿음만 있다면 용기를 잃지 않을 수 있습니다. 그 어떤 역경도 당신을 무너트릴 수 없습니다.

당신은 변화를 두려워하지 않고 용감히 모험에 도전합니다. 당신은 강한 의지력을 가지고 쉬지 않고 도전합니다. 그 과정을 통해 믿음으로 연단되고 인내를 배웁니다. 당신의 믿음은 환경을 초월하며 감정을 극복하며 온전한 믿음으로 자라납니다. 당신의 삶은 이 믿음을 통해 계속적으로 성장하며 완전해집니다.

당신은 성공을 향해서 전진하며 하나님께서 준비하신 생명의 면류관을 받을 것입니다. 당신은 하나님의 칭찬, 영화로움과 존귀를 받을 것입니다.

이 모든 축복이 당신에게 임하길 예수님 이름으로 기도합니다.

무리를 보시고 불쌍히 여기시니 이는 그들이 목자 없는 양과 같이 고생하며 기진함이라 (마태복음 9:36)

이는 너희가 흠이 없고 순전하여 어그러지고 거스르는 세대 가운데서

하나님의 흠 없는 자녀로 세상에서 그들 가운데 빛들로 나타내며 (빌립보
서 2:15)

내가 너희에게 이르노니 이와 같이 죄인 한 사람이 회개하면 하나님의
사자들 앞에 기쁨이 되느니라 (누가복음 15:10)

사랑하는 (　　　　　　　)에게 예수님의 이름으로 선포합니다.

주님의 마음을 더욱 알기를 갈망하십니다. 하나님의 뜻이 무엇
인지 알도록 말씀을 통해 깨닫고 주님의 시선이 향하는 곳에서
일을 하는 손과 발이 될 수 있도록 노력해야 합니다.

당신은 주님의 마음을 읽고, 어렵고 힘든 이웃을 불쌍히 여기
며 가까이 하며 도와야 합니다.

하나님께서 이 패역한 세대에 당신을 선택하여 햇빛처럼 비추
시기를 원합니다. 어둠속에 있는 백성들이 빛을 볼 수 있도록 당
신은 진리의 생명인 예수님으로 향하는 길을 나타내야 합니다.

당신은 이러한 햇빛 같은 생명을 전할 의무가 있습니다. 당신
의 모습으로 인하여 주님께서 기뻐하시고 위로받으십니다. 주님
의 사역에 동참하여 길을 잃은 사람을 찾아 주님 품으로 인도하
는 축복의 통로가 되어야 합니다. 당신의 이런 모습을 통해 하늘
에 있는 천사들이 끊임없이 기쁨으로 잔치를 베풀고 있습니다.

이 모든 축복이 당신에게 임하길 예수님 이름으로 기도합니다.

평안을 너희에게 끼치노니 곧 나의 평안을 너희에게 주노라 내가 너희에게 주는 것은 세상이 주는 것과 같지 아니하니라 너희는 마음에 근심하지도 말고 두려워하지도 말라 (요한복음 14:27)

이것을 너희에게 이르는 것은 너희로 내 안에서 평안을 누리게 하려 함이라 세상에서는 너희가 환난을 당하나 담대하라 내가 세상을 이기었노라 (요한복음 16:33)

하나님은 우리의 피난처시요 힘이시니 환난 중에 만날 큰 도움이시라 그러므로 땅이 변하든지 산이 흔들려 바다 가운데에 빠지든지 바닷물이 솟아나고 뛰놀든지 그것이 넘침으로 산이 흔들릴지라도 우리는 두려워하지 아니하리로다 (시편 46:1~3)

사랑하는 (   )에게 예수님의 이름으로 선포합니다.

예수님은 분명한 평안을 약속하셨습니다. 세상에서 고난이 있을지라도 우리가 안심할 수 있는 것은 주님이 이미 세상을 이기고 승리하셨기 때문입니다.

예수님께서는 평안을 당신에게 이미 주셨습니다. 예수님께서는 이미 세상을 이기고 승리하셨습니다. 당신은 더 이상 걱정할 필요가 없고 무서워할 필요도, 두려워할 이유도 없습니다. 주님이 주신 평안으로 모든 상황 가운데서 승리할 수 있습니다.

땅이 변하고 산이 요동치며 광풍으로 거센 파도가 당신에게 닥쳐올지라도 당신은 안전합니다. 주님이 당신과 함께 하시기 때문입니다.

하나님께서는 당신의 피난처시며 힘이시니, 하나님께서 당신을 지켜 보호해 주시고 평안의 축복을 주실 것을 믿으십시오.

이 모든 축복이 당신에게 임하길 예수님 이름으로 기도합니다.

내 영혼아 네가 어찌하여 낙심하며 어찌하여 내 속에서 불안해 하는가 너는 하나님께 소망을 두라 그가 나타나 도우심으로 말미암아 내가 여전히 찬송하리로다 (시편 42:5)

여호와여 주는 나의 방패시요 나의 영광이시요 나의 머리를 드시는 자이시니이다 (시편 3:3)

이 날에 그들의 하나님 여호와께서 그들을 자기 백성의 양 떼 같이 구원하시리니 그들이 왕관의 보석 같이 여호와의 땅에 빛나리로다 (스가랴 9:16)

사랑하는 (   )에게 예수님의 이름으로 선포합니다.

하나님을 향한 소망을 품고 낙심하지 말고 불안해하지 마십시오. 하나님께 소망을 가지면 주님이 기쁜 마음으로 당신을 도와

주시고 사랑으로 보호해 주십니다.

하늘에 계신 아버지는 당신의 의지할 수 있는 하나님이십니다. 당신이 넘어질 때 주님은 당신을 일으켜주십니다.

하나님은 당신의 영광이 되어 주시며 당신의 얼굴에 광채가 나게 해주십니다. 하나님은 당신이 유익을 얻도록 모든 일을 당신을 위해 힘써 일해 주십니다.

하늘에 계신 아버지께서는 두 팔을 펼쳐 당신을 감싸 안아주십니다. 하나님께서 당신을 면류관의 보석처럼 빛나게 하고 높여 주십니다.

하나님께서 당신을 보배롭게 보시고 존귀하게 여기십니다. 하나님은 당신을 구원하시고 도와주십니다. 하나님은 당신을 품에 안으시며 높이 세워주십니다.

이 모든 축복이 당신에게 임하길 예수님 이름으로 기도합니다.

내가 그리스도와 함께 십자가에 못 박혔나니 그런즉 이제는 내가 사는 것이 아니요 오직 내 안에 그리스도께서 사시는 것이라 이제 내가 육체 가운데 사는 것은 나를 사랑하사 나를 위하여 자기 자신을 버리신 하나님의 아들을 믿는 믿음 안에서 사는 것이라 (갈라디아서 2:20)

그 안에는 신성의 모든 충만이 육체로 거하시고 너희도 그 안에서 충만하여졌으니 그는 모든 통치자와 권세의 머리시라 (골로새서 2:9~10)

우리가 다 수건을 벗은 얼굴로 거울을 보는 것 같이 주의 영광을 보매 그와 같은 형상으로 변화하여 영광에서 영광에 이르니 곧 주의 영으로 말미암음이니라 (고린도후서 3:18)

사랑하는 (   )에게 예수님의 이름으로 선포합니다.

당신은 하나님께 선택받은 자이며 성령님께서 거주하는 성전입니다. 당신은 하나님께서 활동하는 거처이며 성령님의 처소입니다. 당신의 삶은 하나님의 영광을 나타내기 위한 것입니다. 당신의 삶에 나타나는 변화로 인해 주님의 증인이 됩니다.

그렇기에 당신 안에 그리스도의 풍성함이 가득할 수밖에 없습니다. 지금 당신 안에는 그리스도께서 살고 계십니다. 그리스도가 당신을 통하여 나타나고 예수님의 능력과 성품이 충만하게 세상에 나타내는 삶이 당신의 삶이 되어야 합니다.

하나님께서 당신의 생명을 주관 하시며 성령님은 은총을 당신에게 부어주십니다. 하나님은 당신을 진리로 세워주시며 지경을 넓혀 주십니다. 당신은 많은 사람들로부터 칭찬을 듣고 다른 사람들로부터 존경을 받게 됩니다.

당신의 생명은 하나님의 영광을 나타낼 것입니다. 당신은 주님의 형상으로 변화되고 영광이 넘치게 될 것입니다.

이 모든 축복이 당신에게 임하길 예수님 이름으로 기도합니다.

제5장

15가지 축복 선포

성경말씀 축복선포

♡ 그들과 같이 우리도 복음 전함을 받은 자이나 들은 바 그 말씀이 그들에게 유익하지 못한 것은 듣는 자가 믿음과 결부시키지 아니함이라. (히브리서 4:2)

♡ 그런즉 안식할 때가 하나님의 백성에게 남아 있도다. 이미 그의 안식에 들어간 자는 하나님이 자기의 일을 쉬심과 같이 그도 자기의 일을 쉬느니라. 그러므로 우리가 저 안식에 들어가기를 힘쓸지니 이는 누구든지 저 순종하지 아니하는 본에 빠지지 않게 하려 함이라. (히브리서 4:9~11)

♡ 너희는 하나님으로부터 나서 그리스도 예수 안에 있고 예수는 하나님으로부터 나와서 우리에게 지혜와 의로움과 거룩함과 구원함이 되셨으니. 기록된 바 자랑하는 자는 주 안에서 자랑하라 함과 같게 하려 함이라. (고린도전서 1:30~31)

♡ 그 안에는 신성의 모든 충만이 육체로 거하시고 너희도 그 안에서 충만하여졌으니 그는 모든 통치자와 권세의 머리시라. (골로새서 2:9~10)

♡ 그러므로 모든 더러운 것과 넘치는 악을 내버리고 너희 영혼을 능히 구원할 바 마음에 심어진 말씀을 온유함으로 받으라. (야고보서 1:21)

하나님의 말씀은 나에게 유익하다.

나는 하나님께서 주신 약속의 안식에 들어가며 온유한 마음으로 하나님의 말씀을 받아들인다.

나의 일생은 오직 하나님만을 자랑한다.

예수님은 모든 것을 값없이 은혜로 베푸셨다.

나의 모든 것이 하나님께서 이루어 주신 것이다.

우리들은 단지 믿음으로 받아들이기만 하면 된다.

하나님께서는 이 어리석고 연약한 나를, 비참하고 아무것도 없는 나를 존귀하고 지혜롭고 총명하고 거룩하게 변화시켜 주셨다.

이것이 하나님께서 주신 안식이며 하나님의 영광을 위한 놀라운 은혜이다.

나는 하나님의 신성한 성품에 참여한다

●그의 신기한 능력으로 생명과 경건에 속한 모든 것을 우리에게 주셨으니 이는 자기의 영광과 덕으로써 우리를 부르신 이를 앎으로 말미암음이라. 이로써 그 보배롭고 지극히 큰 약속을 우리에게 주사 이 약속으로 말미암아 너희가 정욕 때문에 세상에서 썩어질 것을 피하여 신성한 성품에 참여하는 자가 되게 하려 하셨느니라. (베드로후서 1:3~4)

●오직 성령의 열매는 사랑과 희락과 화평과 오래 참음과 자비와 양선과 충성과 온유와 절제니 (갈라디아서 5:22)

나는 예수님의 이름으로 선포합니다.

하나님께서는 나에게 삶과 믿음에 필요한

모든 것을 주셨습니다.

하나님은 보배롭고 지극히 큰 약속을 주셨고

썩어질 세상의 정욕에서 구하여 주셨습니다.

나는 하나님의 성찬에 참여하게 되었습니다.

나는 하나님의 성품을 나의 성품으로 받아들였습니다.

나는 성령의 열매인 사랑과 희락과 화평과 오래 참음과

자비와 양선과 충성과 신실과 온유와 절제를 다 받았습니다.

나는 점점 더 예수님의 형상과 모양으로 닮아갑니다.

나의 마음은 새롭게 변화한다

●너희는 이 세대를 본받지 말고 오직 마음을 새롭게 함으로 변화를 받아 하나님의 선하시고 기뻐하시고 온전하신 뜻이 무엇인지 분별하도록 하라. (로마서 12:2)

●오직 너희는 그리스도를 그같이 배우지 아니하였느니라. 진리가 예수 안에 있는 것 같이 너희가 참으로 그에게서 듣고 또한 그 안에서 가르침을 받았을진대. 너희는 유혹의 욕심을 따라 썩어져 가는 구습을 따르는 옛 사람을 벗어 버리고 오직 너희의 심령이 새롭게 되어 (에베소서 4:20~23)

●끝으로 형제들아 무엇에든지 참되며 무엇에든지 경건하며 무엇에든지 옳으며 무엇에든지 정결하며 무엇에든지 사랑 받을 만하며 무엇에든지 칭찬 받을 만하며 무슨 덕이 있든지 무슨 기림이 있든지 이것들을 생각하라. (빌립보서 4:8)

나는 예수님의 이름으로 선포합니다.
나는 이 세상을 본받지 않고
이 세상의 유행에 따라가지 않을 것입니다.

내 마음은 매일 새롭게 변화되며

하나님의 뜻을 오직 알아갈 것입니다

나는 하나님의 선하시고 온전하시고

기뻐하신 뜻을 찾아갈 것입니다.

나는 옛 사람의 행위를 벗어 버리고 새사람을 입으며,

세상의 지식에서 벗어나 마음과 생각

신실하고 경건하고 공의롭게, 정결하게 가꿀 것입니다.

 그로 인해 사람들에게 사랑을 받고 명성을 얻으며

믿음과 덕행이 있다고 칭찬 받을 것입니다.

나는 하나님의 약속을 믿는다

● 온갖 좋은 은사와 온전한 선물이 다 위로부터 빛들의 아버지께로부터 내려오나니 그는 변함도 없으시고 회전하는 그림자도 없으시니라. 그가 그 피조물 중에 우리로 한 첫 열매가 되게 하시려고 자기의 뜻을 따라 진리의 말씀으로 우리를 낳으셨느니라. (야고보서 1:17~18)

● 도둑이 오는 것은 도둑질하고 죽이고 멸망시키려는 것뿐이요 내가 온 것은 양으로 생명을 얻게 하고 더 풍성히 얻게 하려는 것이라. (요한복음 10:10)

나는 예수님의 이름으로 선포합니다.
하나님께서 주신 온갖 좋은 은사와 온전한 선물을
나는 믿음으로 받아들입니다.
나의 삶은 하나님의 모든 풍성함이 나타나는
첫 열매가 될 것입니다.
예수님이 내 안에 계시기에
나의 생명은 점점 풍성해집니다.
예수님과 함께 나는 점점 성장합니다.
생각은 창의적이 되어 일의 효율이 올라가고
넘치는 활력으로 몸담는 분야에서 최고가 됩니다.
주님이 주신 능력으로 나는 최고의 자리로 올라갑니다.
주님이 주시는 능력으로 나는 계속 승리할 수 있습니다.

나는 하나님의 진리로 태어난 자녀입니다.
나는 하늘의 증인이 되어 하나님의 사랑을 전하며
아름다운 향기를 풍기는 그리스도인입니다.

내 인생은 찬란하게 빛나는 최고의 인생입니다.
좋은 성품으로 주위 사람들에게 영향력을 미치고
사람들에게는 칭찬을 받는 축복받은 인생이 됩니다.

나의 존재는 우연이 아닌 축복입니다.
그러나 나에서 그치지 않고

많은 사람들의 축복의 통로가 될 것입니다.

나의 삶은 하나님의 존귀와 영광을 나타냅니다.

나는 하나님의 풍성과 권능을 표현합니다.

나는 천국의 대변인이며 천국의 홍보대사입니다.

나의 인생은 하나님의 축복 가운데 있습니다.

사람에 대해서 일에 대해서나,

하나님에 대해서 모두 열정이 충만해지고

내 인생을 계획하신 하나님의 손길을 따라갑니다.

내 생각을 넘어 더 놀랍고 기쁜 일들이

나의 삶에 일어날 것입니다.

나의 인생은 점점 더 풍성해 진다

●의인의 길은 돋는 햇살 같아서 크게 빛나 한낮의 광명에 이르거니와 (잠언 4:18)

●여호와의 말씀이니라 너희를 향한 나의 생각을 내가 아나니 평안이요 재앙이 아니니라 너희에게 미래와 희망을 주는 것이니라. (예레미야 29:11)

●우리가 알거니와 하나님을 사랑하는 자 곧 그의 뜻대로 부르심을 입은 자들에게는 모든 것이 합력하여 선을 이루느니라. (로마서 8:28)

나는 예수님의 이름으로 선포합니다.
하나님께서 날 위해 준비한 복을 주심으로
소망이 생기고 마음에 평강이 찾아옵니다.
의인의 길은 햇살 같아서 크게 빛나
한낮의 광명에 이른다는 주님의 말씀이 내 삶에 이루어집니다.
일어나는 모든 일들이 결국은 나에게 유익이 되며
하나님의 주관하심으로 나의 삶과 운명이 바뀝니다.

하나님은 슬픔을 기쁨으로, 눈물을 웃음으로 바꾸어 주십니다.
가장 깊은 눈물의 골짜기가 주님을 통해 기쁨의
오아시스가 됩니다.
내 안에 주신 예수님의 축복은 세상의 어떤 복보다 큽니다.
세상을 승리하신 주님이 놀라운 이적을
나를 통해 보게 하십니다.
하나님은 내 삶을 통해 새 일을 행하시며
주님이 세상을 창조하신 전능자이심을
세상에 보이실 것입니다.

나는 세상을 이기는 승리자이다

●무릇 하나님께로부터 난 자마다 세상을 이기느니라 세상을 이기는 승리는 이것이니 우리의 믿음이니라. (요한1서 5:4)

●하나님이여 주께서 우리를 시험하시되 우리를 단련하시기를 은을 단련함 같이 하셨으며 우리를 끌어 그물에 걸리게 하시며 어려운 짐을 우리 허리에 매어 두셨으며 사람들이 우리 머리를 타고 가게 하셨나이다 우리가 불과 물을 통과하였더니 주께서 우리를 이끌어 풍부한 곳에 들이셨나이다. (시편 66:10~12)

●주께서 너희에게 환난의 떡과 고생의 물을 주시나 네 스승은 다시 숨기지 아니하시리니 네 눈이 네 스승을 볼 것이며 너희가 오른쪽으로 치우치든지 왼쪽으로 치우치든지 네 뒤에서 말소리가 네 귀에 들려 이르기를 이것이 바른 길이니 너희는 이리로 가라 할 것이며 (이사야 30:20~21)

●주께서 내 원수의 목전에서 내게 상을 차려 주시고 기름을 내 머리에 부으셨으니 내 잔이 넘치나이다. (시편 23:5)

나는 예수님 이름으로 선포합니다.
나는 하나님 안에서 태어난 새로운 피조물이며
지극히 높으신 하나님의 자녀입니다.

내 안에 하나님의 큰 능력이 감추어져 있습니다.

주님이 주신 무한한 잠재력이 있기에

나는 믿음으로 세상을 이길 수 있습니다.

나는 내가 아닌 주님의 말씀을 믿습니다.

주님이 승리하신 것처럼 나의 삶도 승리했습니다.

성령님이 주신 지혜로 인도하심을 따라

나도 주님과 함께 승리합니다.

나는 예수님 이름으로 선포합니다.

하나님께서 나에게 힘과 용기를 주셨습니다.

그 힘과 용기로 나에게 찾아오는 모든 환란과 맞설 수 있고

내 삶을 가로막고 있는 문제들은 오히려 디딤돌이 됩니다.

그 문제들은 오히려 나를 성장시키며

나를 더 나은 삶을 살 수 있는 곳으로 인도해줍니다.

하나님께서는 나를 위한 계획이 있으시고,

그 계획을 위해 나를 부르시고 축복해 주십니다.

물과 불 가운데로 지나가게 하시고, 어두운 골짜기를 지나며

연단시키신 후에 푸른 초장으로 인도하십니다.

나를 가로막고 있는 힘든 일들은

모두 푸른 초장으로 가는 여정일 뿐입니다.

고난과 고통이 있을지라도 주님과 더 가까이 하는

계기가 되며 이를 통해 성령님의 미세한 음성도

듣게 해주십니다.

나는 매일 새로운 은혜를 받는다

● 네 문빗장은 철과 놋이 될 것이니 네가 사는 날을 따라서 능력이 있으리로다. (신명기 33:25)

● 내게 능력 주시는 자 안에서 내가 모든 것을 할 수 있느니라. (빌립보서 4:13)

● 여호와의 인자와 긍휼이 무궁하시므로 우리가 진멸되지 아니함이니이다. 이것들이 아침마다 새로우니 주의 성실하심이 크시도소이다. (예레미야애가 3:22~23)

나는 예수님의 이름으로 선포합니다.
매일 새로운 날에 새로운 은혜를 약속하신 주님으로 인해
오늘 나의 하루에 하나님의 능력이 임할 줄 믿습니다.
나를 돕기를 원하시는 주님이 오늘 필요한 능력과 은혜를
이미 예비해 놓으셨습니다.
주님께 의지할 때 모든 것을 할 수 있는 능력이 생깁니다.
내가 생각지도 못한 기회들이 주님의 은총으로 찾아오고,
이 일들을 통해 하나님의 놀라운 은혜와 능력을
경험하게 됩니다.

하늘에서 모든 것을 통치하시는 주님은

전지전능하신 사랑의 하나님이십니다.

실수가 없는 임마누엘의 하나님은 언제나 나와 함께하십니다.

기쁨과 평안이 넘치는 풍요로운 인생으로 멋지게

인도하시는 주님으로 나는 이제 새로운 삶을 살아갑니다.

나는 머리가 되고 꼬리가 되지 않는다

● 여호와께서 너를 머리가 되고 꼬리가 되지 않게 하시며 위에만 있고 아래에 있지 않게 하시리니 오직 너는 내가 오늘 네게 명령하는 네 하나님 여호와의 명령을 듣고 지켜 행하며 내가 오늘 너희에게 명령하는 그 말씀을 떠나 좌로나 우로나 치우치지 아니하고 다른 신을 따라 섬기지 아니하면 이와 같으리라. (신명기 28:13~14)

● 내 영혼아 네가 어찌하여 낙심하며 어찌하여 내 속에서 불안 해 하는가 너는 하나님께 소망을 두라 그가 나타나 도우심으로 말미암아 내가 여전히 찬송하리로다. (시편 42:5)

● 악인에게는 많은 슬픔이 있으나 여호와를 신뢰하는 자에게는 인자하심이 두르리로다. (시편 32:10)

● 주께서 내 내장을 지으시며 나의 모태에서 나를 만드셨나이다. 내가 주께 감사하옴은 나를 지으심이 심히 기묘하심이라 주께서 하시는 일이 기이

함을 내 영혼이 잘 아나이다. (시편 139:13~14)

나는 예수님 이름으로 선포합니다.

나는 계속 배우고 성장하며 자랄 것입니다.

내 앞을 가로막는 장애물들을 돌파하고

한계를 계속해서 이겨낼 것입니다.

나는 머리가 될 지언정 꼬리가 되지 않고,

다른 사람들에게 꿈과 희망을 주는

실력과 성품을 겸비한 사람이 될 것입니다.

나는 예수님 이름으로 선포합니다.

나를 영원히 사랑하시는 주님은

매일 넘치게 그 사랑을 부어주심으로 나를 도와주십니다.

하나님은 나를 위해 하늘의 창고를 여시고

내가 바라는 복을 넘치도록 부어주십니다.

나는 하나님이 창조하신 세상에서의 유일하고

특별한 존재입니다.

나는 하나님이 보시기에 존귀한 자며 보배로운 사람입니다.

그 누구도 나를 대신할 수 없으며

하나님도 나를 이미 창세 이전부터 계획하셨습니다.

나를 창조하신 하나님의 그 뜻이 이루어지도록

하나님은 나를 만지시고, 도우시고,
훈련시키시고 이끌어 주십니다.

하나님은 자기를 사랑하는 자들에게 모든 것을 예비해 주신다

●기록된 바 하나님이 자기를 사랑하는 자들을 위하여 예비하신 모든 것은 눈으로 보지 못하고 귀로 듣지 못하고 사람의 마음으로 생각하지도 못하였다 함과 같으니라. (고린도전서 2:9)

●야베스가 이스라엘 하나님께 아뢰어 이르되 주께서 내게 복을 주시려거든 나의 지역을 넓히시고 주의 손으로 나를 도우사 나로 환난을 벗어나 내게 근심이 없게 하옵소서 하였더니 하나님이 그가 구하는 것을 허락하셨더라. (역대상 4:10)

●우리를 시험에 들게 하지 마시옵고 다만 악에서 구하시옵소서 (나라와 권세와 영광이 아버지께 영원히 있사옵나이다 아멘), (마태복음 6:13)

나는 예수님 이름으로 선포합니다.
하나님께서 나를 위해 예비하신 아름다운 미래는
내가 생각해보지도 못한 영화로운 모습입니다.

나의 간구와 모든 소원을 초월하는 응답이
주님으로부터 기적같이 올 것입니다.
기쁨이 충만한 나의 삶을 보고
많은 사람들이 하나님의 살아계심을 알게 됩니다.

시험에 들지 않게 주님께서 지켜주시며
악에서 구해주시기 위해 내 삶에 놀라운 일들을 행하십니다.
주님이 베푸신 축복이 나로 하여금 환란을 벗어나게 하고
근심이 없게 지켜주십니다.
주님이 나와 함께 하시기에 지경이 넓어지고
나의 존재는 높아집니다.
존귀한 곳으로 나를 인도하심으로
풍성한 은혜와 평강을 주시는 주님은
영육을 강건하게 충족시켜 주십니다.
나의 인생은 독수리 같이 새롭게 될 것이며
활력이 넘치는 청춘으로 다시 태어날 것입니다.

여호와 하나님은 나를 항상 인도해 주시고 복을 주신다

●여호와는 네게 복을 주시고 너를 지키시기를 원하며 여호와는 그의 얼굴을 네게 비추사 은혜 베푸시기를 원하며 여호와는 그 얼굴을 네게로 향하여 드사 평강 주시기를 원하노라 할지니라 하라. (민수기 6:24~26)

●여호와가 너를 항상 인도하여 메마른 곳에서도 네 영혼을 만족하게 하며 네 뼈를 견고하게 하리니 너는 물 댄 동산 같겠고 물이 끊어지지 아니하는 샘 같을 것이라(이사야 58:11)

●소망의 하나님이 모든 기쁨과 평강을 믿음 안에서 너희에게 충만하게 하사 성령의 능력으로 소망이 넘치게 하시기를 원하노라. (로마서 15:13)

나는 예수님 이름으로 선포합니다.
예수님은 메마른 땅에서도 풍성한 은혜를 공급해주십니다.
내가 서 있는 곳이 사막일지라도
주님의 생명수로 나에겐 물 댄 동산 같은 기쁨이 넘치고
주님의 은혜로 내 뼈는 상하지 않으며 더욱 강건해집니다.
언제나 푸른 초장으로 주님은 나를 인도해 주십니다.
하나님의 축복과 보호하심이 있기에

나의 인생에는 놀라운 기쁨이 충만하여 흘러 넘칩니다.
하나님의 얼굴을 바라볼 때에 마음에 평안이 가득하니
오직 하나님의 얼굴을 바라고 구하게 하소서.
예수 그리스도 안에만 참된 기쁨과 영원한 복락이 있습니다.
그 기쁨으로만 진정한 만족을 얻을 수 있기에
하나님이 주신 유일한 소망과 진정한 안식인 그리스도를
오직 구할 것입니다.

나는 하나님의 지혜와 계시의 영을 받는다

● 우리 주 예수 그리스도의 하나님, 영광의 아버지께서 지혜와 계시의 영을 너희에게 주사 하나님을 알게 하시고 너희 마음의 눈을 밝히사 그의 부르심의 소망이 무엇이며 성도 안에서 그 기업의 영광의 풍성함이 무엇이며 그의 힘의 위력으로 역사하심을 따라 믿는 우리에게 베푸신 능력의 지극히 크심이 어떠한 것을 너희로 알게 하시기를 구하노라. (에베소서 1:17~19)

나는 예수님의 이름으로 선포합니다.
나는 성령님이 주시는 지혜와 계시의 영을 간구합니다.

하나님을 올바르게 앎으로 성령님이 진리의 말씀을 깨닫도록
마음의 눈을 열어주시기를 간구합니다.
하나님이 나를 부르신 소망을 알게 해주시고,
나의 인생이 하나님의 뜻을 더욱 풍성하고
영화롭게 하는 기업이 되길 소망합니다.

하나님의 무한한 능력을 나는 믿습니다.
놀라운 예수님의 사랑을 나는 찬양합니다.
날 보듬어주시는 성령님을 인정하고 초청합니다.
이 모든 은혜를 베풀어주신 하나님께 오직 감사밖에
드릴 것이 없습니다.
영을 깨닫는 지혜를 통해 말씀을 깨닫게 하시고,
하나님이 나를 통해 깨닫게 하시고자 하는 것이
무엇인지 알게 되는 역사가 일어나기를 소망합니다.

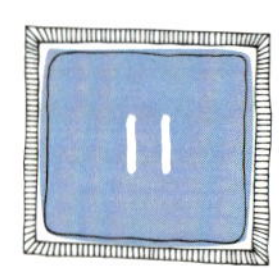

하나님께서는 우리가 구하거나 생각하는
모든 것에 더 넘치도록 이루어 주신다

● 그의 영광의 풍성함을 따라 그의 성령으로 말미암아 너희 속사람을 능
력으로 강건하게 하시오며 믿음으로 말미암아 그리스도께서 너희 마음에

계시게 하시옵고 너희가 사랑 가운데서 뿌리가 박히고 터가 굳어져서 능히 모든 성도와 함께 지식에 넘치는 그리스도의 사랑을 알고 그 넓이와 길이와 높이와 깊이가 어떠함을 깨달아 하나님의 모든 충만하신 것으로 너희에게 충만하게 하시기를 구하노라 우리 가운데서 역사하시는 능력대로 우리가 구하거나 생각하는 모든 것에 더 넘치도록 능히 하실 이에게 (에베소서 3:16~20)

나는 예수님 이름으로 선포합니다.
성령님께서 하나님의 풍성한 영광을 충만하게 채워주십니다.
그 영광으로 믿음은 더욱 강건해지고 그리스도가
내 안에 계심을 더욱 확실히 느낍니다.
주님이 주신 크고 깊은 사랑이 얼마나 진실한 것인지
매일 느끼며 주님을 경배합니다.
하나님의 충만한 영광으로 나를 만족시키시고
그 영광으로 변화된 나의 삶으로
세상과 교회에서 하나님께 영광이 되게 하소서.
하나님의 넓고 싶은 사랑을 우리가 이해할 수 없듯이
하나님의 풍성한 은혜와 지혜와 지식도 그러합니다.
하나님의 영원한 계획을 전적으로 신뢰하고
100% 믿으면 온전히 순종하겠습니다.

나의 의지와 생각이 아닌 하나님의 때와 방법을

기다리겠습니다.

사람이 결코 따라갈 수 없는 주님의 지혜가

나의 삶을 주장하기를 나는 소망합니다.

나는 많은 열매를 맺어 하나님께 영광을 돌린다

● 내가 기도하노라 너희 사랑을 지식과 모든 총명으로 점점 더 풍성하게 하사 너희로 지극히 선한 것을 분별하며 또 진실하여 허물없이 그리스도의 날까지 이르고 (빌립보서 1:9~10)

● 너희가 열매를 많이 맺으면 내 아버지께서 영광을 받으실 것이요 너희는 내 제자가 되리라. (요한복음 15:8)

나는 예수님이 이름으로 선포합니다.

나의 삶은 매일 조금씩 더 나아집니다.

주님을 더 사랑하는 마음이 커지고,

좋은 지식과 판단력, 사리와 시비를 가릴 수 있고,

하나님께 영광을 돌릴 좋은 일을 맡게 됩니다.

수많은 갈림길에서 옳은 선택을 할 지혜가 있으며

작은 일에도 충성된 주님의 일꾼으로 자라납니다.

주님을 의지하는 열심을 가지고

어디서나 의의 과실을 풍성히 맺게 됩니다.

선한 행위로 풍성한 열매를 맺어 하나님께

영광이 되는 삶을 살며 내가 예수님의 제자라는 사실을

세상에 자랑스럽게 알릴 것입니다.

하나님의 영화로운 권능이 나를 도와주신다

●이로써 우리도 듣던 날부터 너희를 위하여 기도하기를 그치지 아니하고 구하노니 너희로 하여금 모든 신령한 지혜와 총명에 하나님의 뜻을 아는 것으로 채우게 하시고 주께 합당하게 행하여 범사에 기쁘시게 하고 모든 선한 일에 열매를 맺게 하시며 하나님을 아는 것에 자라게 하시고 그의 영광의 힘을 따라 모든 능력으로 능하게 하시며 기쁨으로 모든 견딤과 오래 참음에 이르게 하시고 (골로새서 1:9~11)

●모든 은혜의 하나님 곧 그리스도 안에서 너희를 부르사 자기의 영원한 영광에 들어가게 하신 이가 잠깐 고난을 당한 너희를 친히 온전하게 하시며 굳건하게 하시며 강하게 하시며 터를 견고하게 하시리라 권능이 세세무궁하도록 그에게 있을지어다 아멘 (베드로전서 5:10~11)

나는 예수님의 이름으로 선포합니다.

나는 지혜와 총명을 주시는 성령님을 더욱 갈망합니다.

성령님은 하나님의 뜻을 알게 깨우쳐 주시고

좋은 행위로 모든 일에 하나님을 기뻐할 수 있게

도우십니다. 성령님으로 인해 나는 삶에서 여러 가지

아름다운 열매를 맺고,

그 열매를 통해 다시 하나님을 더욱 알게 됩니다.

주님의 영화로운 권능이 나를 도우시고,

선한 일을 지탱하는 일에 힘을 더하십니다.

주님이 주시는 힘으로 나는 모든 일에

더욱 인내하며 관용의 마음으로 용서를 더하고

사랑을 더합니다.

나는 모든 사람을 용서할 것을 결단한다

●예수께서 그들에게 대답하여 이르시되 하나님을 믿으라 내가 진실로 너
희에게 이르노니 누구든지 이 산더러 들리어 바다에 던져지라 하며 그 말
하는 것이 이루어질 줄 믿고 마음에 의심하지 아니하면 그대로 되리라 그
러므로 내가 너희에게 말하노니 무엇이든지 기도하고 구하는 것은 받은 줄
로 믿으라 그리하면 너희에게 그대로 되리라 서서 기도할 때에 아무에게나

혐의가 있거든 용서하라 그리하여야 하늘에 계신 너희 아버지께서도 너희

허물을 사하여 주시리라 하시니라. (마가복음 11:22~25)

나는 예수님의 이름으로 선포합니다.
나는 온전히 하나님을 믿고 순종합니다.
나는 성경에 말하는 예수님의 약속을 믿습니다
나는 그 약속에 의지하여 내 마음의 소원을 구하고
용감하게 소망을 품을 것입니다.
하나님의 능력이 나타날 것임을 온전히 믿습니다.

나는 다른 사람으로부터 상처 받지 않습니다.
나는 그 일을 허락지 않을 것이며 오히려 용서할 것입니다.
하나님이 모든 것을 허락하셨기에
주님을 의지함으로 말씀대로 나의 삶을 실천하기로
나는 지금 결정했습니다.
지금의 아픈 마음과 역경을 넘어선 빛나는 소망이 있기에
나를 온전하게 하실 주님을 의지하며
나는 진실로 용서하며 오로지 주님의 얼굴을 구할 것입니다.

하나님의 전신갑주를 입는다

●끝으로 너희가 주 안에서와 그 힘의 능력으로 강건하여지고 마귀의 간계를 능히 대적하기 위하여 하나님의 전신갑주를 입으라 우리의 씨름은 혈과 육을 상대하는 것이 아니요 통치자들과 권세들과 이 어둠의 세상 주관자들과 하늘에 있는 악의 영들을 상대함이라 그러므로 하나님의 전신갑주를 취하라 이는 악한 날에 너희가 능히 대적하고 모든 일을 행한 후에 서기 위함이라 그런즉 서서 진리로 너희 허리띠를 띠고 의의 호심경을 붙이고 평안의 복음이 준비한 것으로 신을 신고 모든 것 위에 믿음의 방패를 가지고 이로써 능히 악한 자의 모든 불화살을 소멸하고 구원의 투구와 성령의 검 곧 하나님의 말씀을 가지라 모든 기도와 간구를 하되 항상 성령 안에서 기도하고 이를 위하여 깨어 구하기를 항상 힘쓰며 여러 성도를 위하여 구하라. (에베소서 6:10∼18)

●내가 너희에게 뱀과 전갈을 밟으며 원수의 모든 능력을 제어할 권능을 주었으니 너희를 해칠 자가 결코 없으리라. (누가복음 10:19)

●예수께서 나아와 말씀하여 이르시되 하늘과 땅의 모든 권세를 내게 주셨으니 (마태복음 28:18)

●이러므로 하나님이 그를 지극히 높여 모든 이름 위에 뛰어난 이름을 주사 하늘에 있는 자들과 땅에 있는 자들과 땅 아래에 있는 자들로 모든 무릎을 예수의 이름에 꿇게 하시고 모든 입으로 예수 그리스도를 주라 시인

하여 하나님 아버지께 영광을 돌리게 하셨느니라. (빌립보서 2:9~11)

나는 예수님의 이름으로 선포합니다.
하늘과 땅의 모든 권세는 예수 그리스도에게 속해 있습니다.
세상에서 최고로 높으신 그 이름을 모든 사람이 경배하고
찬양합니다.
모든 피조물은 주님의 영광 아래 엎드려 크신 주님을
경배합니다.

내 안에 계신 주님이 세상의 모든 것보다 훨씬
크신 분이십니다.
내가 믿는 하늘에 계신 아버지는 만물보다 더 귀하십니다.
나는 승리를 선포하며 크고 귀하신 주님이 주신 권세를
인정하며 받아들입니다.
뱀과 전갈을 밟아 이길 것이며 누구도 나를 해칠 수 없습니다.

나는 하나님께서 주신 전신 갑주를 입고
큰 능력을 의지하여 믿음을 지킬 것입니다.
말씀을 통한 영적인 갑옷으로 어두운 세력을 대항하며
마귀의 꾀에 빠지지 않을 것입니다.

나는 그리스도 안에서 그리스도와 함께 승리합니다.
진정한 지혜를 주시고, 완전한 자유를 얻게 하는

하나님의 진리를 나는 믿고 따를 것입니다.
또한 지혜와 힘을 주시는 진리를 따라 행동할 것입니다.

나는 예수 그리스도가 나의 의가 되심을 인정합니다.
공의의 말씀은 나의 호심경이 되어 그 말씀을 따라
거룩하게 살 것입니다.
정결한 생각과 행위를 위해 허위와 위선의 유혹을
이겨낼 것이며
마귀의 악한 유혹에서 주님이 구출해주심을 믿을 것입니다.

나는 주님이 주신 평안으로 생활하며
길을 걸어나갈 것입니다. 주님이 모든 것을 주관하십니다.
하나님 앞에 두려움 없이 설 수 있도록
주님이 길을 인도해주시고 마음에 책망이 없도록
가르치십니다.
믿음의 방패로 마귀의 간계를 소멸시키고
그리스도 안에서 온전히 믿음을 지키며 승리를 선포합니다.
구원의 투구를 쓰고 나는 선포합니다.

나는 그리스도를 통해 구원받았고 내 모든 죄는 사라졌습니다.
선한 마음과 생각을 지키며 날마다 새롭게 변화시키는
주님의 능력을 따라 살겠습니다.
하나님이 기뻐하시는 선한 뜻을 따라 나의 평생을 살겠습니다.

건강한 형상 선포 기도

성령님이 전하시는 복음,

즉 하나님의 말씀은 살아있는 생명의 말씀입니다.

하나님의 말씀은 예리하게 날이 서있고

골수와 심령을 쪼개는 능력이 있습니다.

말씀을 가지고 모든 적을 물리칠 수 있도록

나는 말씀으로 더욱 단단히 무장합니다.

하나님의 말씀을 그대로 받아들이며

그 말씀이 전하는 약속을 내 삶에 선포합니다.

나는 영적으로 승리하는 용사가 될 것이며

성령님을 의지함으로 삶의 모든 영역이 회복되도록

깨어 간구하고 또 간구할 것입니다.

기도로 하나님이 거하시는 성전으로 나의 삶을 만들고,

하나님의 은혜를 더욱 간절히 구하는 기도의 사람이

될 것입니다.

나는 예수님 이름으로 선포합니다.

그리스도 안에서 나는 강건한 사람입니다.

하나님이 주시는 말씀을 전신갑주로 두름으로

마귀로부터 승리할 수 있고, 모든 어려움을

극복할 수 있습니다.

공중의 권세잡은 마귀라 할지라도

주님의 발 앞에 엎드려

만유의 주재가 주님이심을 인정할 수밖에 없습니다.

모든 만물이 엎드려 구주로 선포하는 전능하신

하나님을 내 입술로 선포하고 그 영광은 선포합니다.

주님은 승리하셨습니다.

하나님 안에서 태어났기에 우리는 세상을 이길 수 있습니다.

세상을 이기는 것은 나의 능력이 아니라 나의 믿음입니다.

하나님의 아들 예수 그리스도를 믿음으로

세상을 이길 수가 있습니다.

예수님은 이미 세상을 이길 능력을 우리에게 주셨습니다.

그 능력을 믿는 사람들을 대적할 수 있는 것은

아무 것도 없습니다. 하나님의 선택을 받은 우리를

고발하고 음해할 수 있는 존재는 세상에 없습니다.

하나님께서 의롭게 하셨는데, 누가 정죄할 수 있겠습니까?

예수님이 날 위해 죽으셨는데 누가 그 사랑을

끊을 수 있겠습니까?

우리는 하나님이 선택을 받은 자이며 오늘도 우리를 위해

예수님이 하나님 우편에서 간구하고 계십니다.

이렇게 우리를 아끼시는 주님으로 인해 오늘도

승리할 수 있고 승리를 선포할 수 있습니다.

입을 크게 열고 소망하는 것을 선포하라

■ 예수께서 말씀하시기를 「네게 무엇을 하여 주기를 원하느냐?」 (마가복음 10:51)

■ 예수께서 말씀하시기를 내가 진실로 너희에게 이르노니 누구든지 이 산더러 들리어 바다에 던져지라 하며 그 말하는 것이 이루어질 줄 믿고 마음에 의심하지 아니하면 그대로 되리라 그러므로 내가 너희에게 말하노니 무엇이든지 기도하고 구하는 것은 받은 줄로 믿으라 그리하면 너희에게 그대로 되리라. (마가복음 11:23~24)

■ 네 입을 크게 열라 내가 채우리라 하였으나 (시편 81:10)

■ 하나님께서 우리 가운데서 역사하시는 능력대로 우리가 구하거나 생각하는 모든 것에 더 넘치도록 능히 하신다. (에베소서 3:20)

■ 너희가 내 이름으로 무엇을 구하든지 내가 행하리니 이는 아버지로 하여금 아들로 말미암아 영광을 받으시게 하려 함이라. (요한복음 14:13)

예)

나는 하나님께서 나를 위해 이루어 주실 일을 기대합니다.	성취날짜
나는 선포합니다. 나의 딸의 집중력이 좋아지고 원하는 공부의 성적이 더욱 향상될 것입니다.	
나는 선포합니다. 나는 옳은 일을 옳은 방법으로 하고 있는 사람입니다.	
나는 선포합니다. 나는 스트레스를 충분히 극복할 수 있습니다. 그리고 주님이 주신 삶을 열정적으로 사랑합니다.	
나는 선포합니다. 나의 남편은 일하는 곳에서 머리가 되고 꼬리가 되지 않습니다.	
나는 선포합니다. 나는 이해력 있는 사람으로, 사람들과 관계가 아주 좋습니다.	
나는 선포합니다. 나의 아들은 컴퓨터 엔지니어로 인정 받습니다.	
나는 선포합니다. 나의 직원들은 성실하게 책임감을 가지고 열심히 일합니다.	

지금부터 선포를 시작하겠습니다.

하나님께서 당신에게 이루어주실 날짜를 적어보십시오.

나는 하나님께서 나를 위해 이루어 주실 일을 기대합니다.	성취날짜
나는 선포합니다. ( )은 활력이 충만한 사람 ( )은 전문 분야에서 최고인 사람입니다.	
나는 선포합니다. 나는 ( )가 마음을 열고 주님을 영접하기를 바랍니다.	
나는 선포합니다. ( )가 미국 ( )에서 박사학위 받기를 선포합니다.	
나는 선포합니다. 나는 ( )과(와) 터키에 여행가기를 기대합니다.	
나는 선포합니다. 나의 ( )에서 매일 ( )의 ( )을 받고 ( )원의 수입이 발생하기를 원합니다.	
나는 선포합니다. 나의 몸의 모든 세포가 나를 위하여 회복되고 일할 것을 나는 선포합니다.	

나는 하나님께서 나를 위해 이루어 주실 일을 기대합니다.	성취날짜
나는 선포합니다. 매일 시간을 잘 관리하여 주님과 단둘이 있을 시간을 소홀히 하지 않도록 선포합니다.	
나는 선포합니다. 나는 돈을 잘 관리하므로 주님을 높이고 사람을 긍휼히 여깁니다.	
나는 선포합니다. 나의 몸은 성령님의 전입니다. 나는 거룩하게 몸과 마음을 지킬 것입니다.	
나는 선포합니다.	
나는 선포합니다.	
나는 선포합니다.	
나는 선포합니다.	
나는 선포합니다.	
나는 선포합니다.	

나는 선포합니다.

부록

선포 기도 적용

아래의 내용을 사용하여 자신을 위한 선포 기도를 할 수 있고

가족과 친구, 자녀, 친지, 이웃의 이름을 넣어 축복할 수 있습니다.

나는 예수님 이름으로 선포합니다.

나는 집중력이 있는 사람입니다.

나는 효율적인 사람입니다.

나는 나는 부지런하며 책임감이 있는 사람입니다.

나는 충성심이 있는 사람입니다.

나는 믿음이 있는 사람입니다.

나는 멋진 사람입니다.

나는 사랑이 있는 사람입니다.

나는 유머가 있는 사람입니다.

나는 총명이 있는 사람입니다.

나는 예수님 이름으로 선포합니다.

나는 베푸는 사람입니다. 나는 탁월한 학습능력이 있습니다.

나는 탁월한 사람입니다. 나는 탁월한 리더십이 있습니다.

나는 뛰어난 사람입니다. 나는 탁월한 자제력이 있습니다.

나는 건강한 사람입니다. 나는 탁월한 친화력이 있습니다.

나는 우수한 사람입니다. 나는 탁월한 표현 능력이 있습니다.

나는 예수님 이름으로 선포합니다.

나는 지혜가 있습니다.

나는 탁월한 연상력이 있습니다.

나는 품의가 있습니다.

나는 탁월한 학구력이 있습니다.

나는 끈기가 있습니다.

나는 탁월한 집행력이 있습니다.

나는 예의가 있습니다.

나는 탁월한 적응력이 있습니다.

나는 담대히 배우는 능력이 있습니다.

나는 정확한 판단력이 있습니다.

아래의 내용을 사용해 자신을 위해 선포 기도를 할 수 있고

가족과 친구, 자녀, 친지, 이웃의 이름을 넣어 축복할 수 있습니다.

나는 예수님 이름으로 선포합니다.

나는 즐거운 사람입니다. 나는 탁월한 창의력이 있습니다.

나는 활발한 사람입니다. 나는 두뇌는 우수하게 발달되었습니다.

나는 겸손한 사람입니다. 나는 탁월한 재주가 있습니다.

나는 온유한 사람입니다. 나는 탁월한 언변이 있습니다.

나는 성실한 사람입니다. 나는 삶을 감사하고 있습니다.

나는 예수님 이름으로 선포합니다.

나는 뜨개질에 고수입니다.

나는 스트레스에 저항하는 능력이 있습니다.

나는 원예의 고수입니다. 나는 탁월한 이해력이 있습니다.

나는 전문 업종의 전문가입니다. 나는 적극적인 영향력이 있습니다.

나는 요리의 고수입니다. 나는 탁월한 분석력이 있습니다.

나는 연설에 고수입니다. 나는 풍부한 상상력이 있습니다.

나는 예수님 이름으로 선포합니다.

나는 소망이 있습니다.

나는 탁월한 언어능력이 있습니다.

나는 감사할 줄 압니다.

나는 탁월하게 정리를 잘 합니다

나는 세심하게 관찰할 수 있습니다.

나는 탁월한 조직능력이 있습니다.

나는 다른 사람을 존중할 줄 압니다.

나는 탁월한 추리력 있습니다.

나는 배우려는 마음이 있습니다.

나는 탁월한 소통능력이 있습니다.

아래의 내용을 사용하여 자신을 위해 선포 기도를 할 수 있고

가족과 친구, 자녀, 친지, 이웃의 이름을 넣어 축복할 수 있습니다.

나는 예수님 이름으로 선포합니다.

나는 활력이 충만합니다.

나는 존귀한 영광이 있습니다.

나는 용감히 도전합니다.

나의 생명은 가치가 있습니다.

나는 적극적으로 생각합니다.

나는 긍정적이고 적극적인 말을 합니다.

나는 기쁨이 넘칩니다.

나는 인간 관계가 아주 좋습니다.

나는 규율을 잘 지킵니다.

나는 목표와 방향이 있습니다.

나는 예수님 이름으로 선포합니다.

나는 자신을 잘 관리합니다.

나는 우리 집안의 축복의 통로입니다.

나는 시간을 잘 관리합니다.

나는 내 감정을 잘 관리하는 고수입니다.

나는 돈을 잘 관리합니다.

나는 삶이 점점 더 풍성해집니다.

나는 모든 일에 주님 만을 의지합니다.

나는 주님의 은총과 축복을 받습니다.

나는 무한한 잠재력이 있습니다.

나는 계속적으로 탁월하고 정상으로 올라갑니다.

나는 예수님 이름으로 선포합니다.

나는 붙임성이 있고 온유한 사람입니다.

나는 나의 꿈을 실현할 수 있습니다

나는 열정이 충만한 사람입니다.

나는 풍성한 삶을 누립니다.

나는 옳은 일을 합니다.

나는 주님의 영광을 위해 삽니다.

나는 아름다운 미래가 있습니다.

나는 도전에 용감히 맞섭니다.

나는 멀리 바라볼 줄 압니다.

나는 하나님을 의지하여 내 꿈을 이룹니다.

아래의 내용을 사용하여 자신을 위해 선포 기도를 할 수 있고
가족과 친구, 자녀, 친지, 이웃의 이름을 넣어 축복할 수 있습니다.

나는 예수님 이름으로 선포합니다.

나는 멋지게 살 수 있습니다.

나는 타고난 승리자입니다.

나는 좋은 태도가 있습니다.

나는 천만인의 축복의 통로입니다.

나는 사람을 이해할 수 있습니다.

나는 하나님 자녀의 특권이 있습니다.

나는 아주 재주가 뛰어납니다.

나는 천국의 안내자입니다.

나는 사망을 이긴 사람입니다.

나는 위대한 꿈을 가진 사람입니다.

나는 예수님 이름으로 선포합니다.

나는 마음을 다하여 힘을 다하여 주님을 사랑합니다.

나는 영적인 참 지혜가 있습니다.

나는 매일 열심히 성경을 읽습니다.

나는 영적인 일을 중요시 합니다.

나는 건강한 형상이 있습니다.

나는 목회자의 좋은 협력자입니다.

나는 주님의 충성되고 착한 종입니다.

나는 하나님과 사람에게 대하여 다 열정이 충만합니다.

나는 빛나는 미래가 있습니다.

나는 내 가정에 최선을 다하는 사람입니다.

망망한 바다 한가운데서 배 한 척이 침몰하게 되었습니다.
모두들 구명보트에 옮겨 탔지만 한 사람이 보이지 않았습니다.
절박한 표정으로 안절부절 못하던 성난 무리 앞에 급히 달려 나온 그 선원이
꼭 쥐고 있던 손바닥을 펴 보이며 말했습니다.
"모두들 나침반을 잊고 나왔기에 … "
분명, 나침반이 없었다면 그들은 끝없이 바다 위를 표류할 수 밖에 없을 것입니다.

우리는 삶의 바다를 항해하는 모든 이들을 위하여
그 나침반의 역할을 하고 싶습니다.
우리를 구원하신 위대한 주 예수 그리스도를 널리 전하고 싶습니다.

"하나님은 모든 사람이 구원을 받으며
 진리를 아는 데에 이르기를 원하시느니라"
(디모데전서 2장 4절)

하나님 말씀으로 「축복 선포 기도」

아름다운 입술의 열매

원저자 | 쨩샤워비루
편역자 | 임철헌●조한미
발행인 | 김용호
발행처 | 나침반출판사

제1판 발행 | 2016년 5월 11일

등   록 | 1980년 3월 18일 / 제 2-32호
주   소 | 07547 서울특별시 강서구 양천로 583
          블루나인 비즈니스센터 B동 1607호
전   화 | 본사 (02) 2279-6321 / 영업부 (031) 932-3205
팩   스 | 본사 (02) 2275-6003 / 영업부 (031) 932-3207
홈   피 | www.nabook.net
이메일 | nabook@korea.com / nabook@nabook.net

ISBN   978-89-318-1514-6
책번호 바-1045

값은 뒷표지에 있습니다.